セミナー
〈児童図書館員養成を考える〉
―さまざまな立場から：利用者，公共図書館，大学，海外―
報告書

日本図書館協会児童青少年委員会編

日本図書館協会

はじめに

　2009年4月，図書館法施行規則の一部を改正する省令（平成21年文部科学省令第21号）が公布，2010年4月から施行されました。新たな図書館に関する科目については，2012年4月から施行されたところです。「児童サービス論」については，今回の改正によりようやく2単位の必修科目となり，一歩前進と言えるでしょう。しかし，2単位では図書館サービスの基礎的教養にとどまり，児童図書館サービスの実務を担当するのには不足しています。

　ところが，図書館の現場は館種を問わず，業務の委託化，指定管理者制度導入等により，安定した雇用が保障されない職員によってサービスが支えられるという事例が増えてきています。しかし，安定しない雇用によって十分な図書館サービスが保障されるかどうかは疑問です。

　結局，不十分な児童図書館サービスの課程を学んだだけで，児童図書館サービスの現場にいきなり立ち，十分な経験を積むこともなく現場を去っていくという事態が，今増えつつあるのではないでしょうか。

　この厳しい状況を打開するにはどうすればいいのか。基本的には，図書館サービスの専門性と継続性への社会的認知を得ることと，サービスの根本は人的サービスであることの承認を得ることが必要です。特に，児童図書館サービスについては，子どもたちに本との出会いをもたらし，生涯にわたる読書の習慣をつけさせるという重要な役割があります。そのことから，児童図書館サービスの担当者には子どもと本とを結びつける専門性が要求され，経験が重視されます。

　つまり，児童図書館サービスの素晴らしさを伝えるとともに，児童図書館サービスの専門家，児童図書館員を育てていくことが必要です。では，児童図書館サービスの専門家，児童図書館員を育てていくにはどうすればよいのか。このセミナー〈児童図書館員養成を考える〉はその方策を探るために企画しました。これまでの日本の児童図書館員養成は，ほとんど図書館員自身の自主的な研修に頼ってきたといってもよいでしょう。しかし，個人的な研修には限界があります。まず，入口としての司書課程の「児童サービス論」の土台をしっかりと築き，その上に体系化された養成の体制を作り上げていく必要があります。このセミナーでは土台としての「児童サービス論」のあり方を論じ，その上にどのような内容の講義を学べばよいのかを，さまざまな立場から論じていただきました。

　セミナー開催（2009年11月30日）から時間が経ちましたが，セミナーで提起された課題はまだ解決されていません。子どもの読書活動推進の観点からも，児童図書館員養成の体制づくりの課題はますます大きなものとなっています。

　この記録が児童図書館員が育っていく道を築く一つのきっかけになることを祈っています。

2015年4月

日本図書館協会児童青少年委員会

目次

はじめに ……………………………………………………………………………… 3

1 現場の図書館からの発言
 公共図書館からの発言（小関知子） ………………………………………… 7

2 利用者からの発言

 ① 利用者の立場から児童図書館員養成に望むこと（箕浦敏子）………… 10
 ② 八王子市児童サービスを考える－利用者の立場から（望月博子）…… 17

3 日本の大学における養成の現状と諸課題（塚原　博）……………………… 19

4 北米の事例に見る児童図書館員養成の現状（高橋樹一郎）………………… 28

5 東京子ども図書館における人材育成の試み（張替恵子）…………………… 36

＜資料＞
1. 図書館法改正に基づく司書養成の省令科目について（文部科学大臣宛／日本図書館協会）………………………………………………………………… 43
2. 「司書資格取得のために大学において履修すべき図書館に関する科目の在り方について」（報告・案）に対する意見（日本図書館協会）………………… 45
3. 図書館法施行規則の一部を改正する省令案への意見（日本図書館協会児童青少年委員会）……………………………………………………………………… 47
4. 「図書館に関する科目」新旧比較表 ………………………………………… 48
5. 「児童サービス論」講義内容（辰巳義幸）………………………………… 49
6. 「児童サービス論」講義内容（中多泰子）………………………………… 50
7. 「児童サービス論」（塚原　博）…………………………………………… 51
8. Children's Literature Course Outline Fall, 1997 …………………………… 57

1 現場の図書館からの発言

公共図書館からの発言

小関 知子（元三鷹市立西部図書館長）

　トップバッターなので、緊張しているのですけども、私が図書館を志してから40年間近くがたちました。最後の6年間は公共図書館の現場で、児童サービスだけをやっていたわけではないのですが、でも途切れることなく、かかわってまいりました。

　その40年間の、児童サービスを志してから公共図書館の現場で感じたこととか、それからこの40年の間に、公共図書館の現場がどのように変わってきたのかということを踏まえて、公共図書館の立場からお話ししていきたいと思います。

　私が大学の司書課程の中で、児童サービスを学んだ当時はまだ必修科目ではなく、選択科目だったわけです。ですから、司書課程をとっていても児童サービスにふれないで、図書館司書の資格をとってしまう方も大勢いました。

　たまたま私は選択科目の中で、児童青少年の読書という単位をとりまして、それは前期、後期とわかれていれば、後期だけでとれるような科目だったのですけれど、その時の課題図書として石井桃子先生の『子どもの図書館』というとてもいい本に出会いました。それまでは大学で教職課程もとっておりまして、その当時女子が大学出て一生働けるような仕事というと、教員とか、公務員系しかなかったんですね。今ほど門戸が広くないということがあったものですから、就職するにはいろんな資格をとっていた方が有利だろうということで、司書課程をとりました。もともと本は好きでしたし、図書館の大切さは認識していたつもりでしたが、でも、その中で児童図書館員という仕事があるというのは、石井桃子先生の本に出会ったことから、そういう仕事に就きたいという意欲をもらったわけです。

1．公共図書館での児童サービスの歩み　1970年代〜現在まで

　私も思い込みが激しいものですから、どうしたら児童図書館員になれるのだろうと、いろいろ調べました。しかし、公共図書館で働きたい場合は、それぞれの自治体の試験を受けて、自治体の職員になって、資格がありますと言って、図書館にまわしてもらうというような道しかなかったんですね。紆余曲折ありまして、東京都はそのころ、1971年ごろというのは、美濃部亮吉さんが都知事で図書館振興計画という長期計画を作って、自治体あげて図書館を盛りたてていこうという機運があったんですね。でも、各区の公共図書館は専門職採用がなくて、都立図書館は司書の職種で専門職採用がありましたけれど、私は地元が港区だったものですから、港区の公共図書館で働きたいと、東京都の職員になって、各区に配属されたら、その中で港区の教育委員会の図書館で働きたいとひっぱってもらうしかなかったんです。たぶん、そのころ23区はまったく同じ状況だったと思います。でも、三多摩の方は調布ですとか、日野ですとかは、司書職ということで、採用試験をしていました。たまたま三鷹は1回こっきりの司書職採

用試験というのを1972年にやってくれたわけです。その時，私は東京都の試験に受かって，港区の教育委員会で働いていたのですけれど，そこは3年待たなければ，次の異動にのらないということがあったものですから，だめでもともと，三鷹の試験を受けて，採用してもらって，そのあとずっと36年間図書館の現場で働くことができました。

　1970年代というのは東京の公共図書館が盛り上がっていた時期でした。品川区ですとか，大田区ですとか，司書職制度はなくても，長くいる人，司書資格があって意欲のある人は異動させないでちゃんと現場で頑張れるという時代だったんです。ですから，いろんな積み重ねがあって，中多泰子先生をはじめとして東京都立図書館の職員の方たちが，そういう意欲のある若い人たちのために新任職員の研修講座などで育ててくれました。

　もともと図書館の仕事というのは机上の学問ではなくて，やっぱり現場をもって，市民にも子どもたちにサービスするなかで，自分も鍛えられるし，高まっていくというものだと思うんですね。ですから，司書の資格というのは，運転免許と同じで，資格を持ちました，さあこれから思う存分運転できますよというもので，取ったからそれで終わりというわけではないんですね。取ってからいかに現場で先輩やまわりの仲間に支えられて自分のレベルアップを図っていくかというのが，一番大事なことだと思うんですね。

　そういうなかで，私の場合36年いるなかで，最初の5年間というのが一番なんでもかんでもどんどん吸収して，自分がこう膨らんでいく時期だと思うんですね。その時大切なのは，現場の同じ仕事をする仲間だとか，その当時，都立が研修制度をとても充実させてやってくださっていた時期でしたので，一つの，三鷹市なら三鷹市だけでなくて，区市町村の図書館の職員が月1回でも集まって，その頃はコンピュータは今みたいにはない時代で，新刊も常にすぐに見られるわけではなかったので，前の月の分，1か月分の新刊を日比谷図書館の会場にずらーっと並べていただいて，自由に見ながら都内の児童サービスに関わる職員たちが意見交流できたわけです。

2. 子どもの読書活動の推進に関する法律が制定されて　現場はいま

　結論を急いでしまうと，そういう現場が，私が入った時にだんだんいい方向に上がっていって，そしてこの10年ぐらいは図書館だけではないんですけど，現場で育てる力というのが，すごく脆弱になってきて，壊滅状態と言ってもいい状況になっているわけです。にもかかわらず，「みたか子ども読書プラン」というのを見ていただければわかりますように，やらなければならない，これだけのサービスをやりますというような，計画自体は総花的にものすごく盛りだくさんにあるわけです。

　たまたま三鷹の場合は専門職制度はないんだけれども，司書資格のある人が，いったん異動になってもまた戻ってこられるというような体制ができていますので，かつてのいろいろな蓄積とか経験がまったく無駄になるというのはないのです。でも23区などは長年の経験のある人たちがどんどん異動になっていて，また戻れるという保証はないと，そういうふうに一生懸命なさる方はどこに異動になっても，その現場，現場で頼りにされちゃうので，本人が戻りたいといっても，異動先で離してもらえないという状況もあるわけです。だから一番大切な経験と

蓄積を次の世代，後輩に伝えていくというのが，できづらい状況に，公共図書館はなっていると思います。にもかかわらず，社会の要請といいますか，教育委員会なり上からやりなさいと下りてくる仕事の要請が増えていて，「みたか子ども読書プラン」の体系図を見ていただければわかりますように，本当に大変な事業を抱えて，スケジュールをこなすのに汲々としちゃうんですね。こういう公共図書館の現状があります。

　公共図書館での児童サービスの歩みのところですが，私が三鷹でサービスを広げていく中で，1970年代というのはまだお話会というのが定着していない時代でした。いろんなところで学んだ研修を，自転車操業よろしく，今日学んだことを次の週には子どもたちの前でというような形でやってきました。80年代はストーリーテリングというのはお話ということが世の中に広まってきましたけれども，それも東京子ども図書館でのいろんな講座，研修会が参考になりました。もちろん，都立図書館の研修もありますし，日本図書館協会での児童図書館員養成講座もあります。私は第2期生なんですけど。公共の立場でやる研修は公費で派遣してくれる場合もありますが，聞くところによりますと，養成講座でも地方からいらっしゃる方は公費で出られるか，休暇をとって自費でやるかという，高いハードルがあります。

　90年代はブックトークが脚光を浴びた時代だったと思います。2000年に入りますと，乳幼児サービスの，ブックスタートの事例なんかが紹介されました。そして，親御さんたちの関心はだんだん低年齢化していて，それこそ生まれる前から胎教にいいというような，早期教育とは違うんですけど，どうもブックスタートに対する関心というのが盛んになっていて，保健センターでやっていても，お母さんだけでなく，お父さんとかおばあちゃんも，一人の赤ちゃんに3人ぐらいで来るご家庭が増えています。

　この40年の間にだんだん広がってきた子どもに対するサービスが，職員がどんどん減っていくなかで，これだけのサービスをやっていかなきゃならないというのは，やっぱり要請にこたえていかないといけないというのは現場ですよね。だから，両手をしばられていてやれと言われているような感じが今はしています。本当に，図書館を支える職員の体制は危機的状況にあります。だから，頻繁な異動で仕事の経験の蓄積と継承が困難な状況になっているとか，あるいは民間委託とか指定管理者制度とかという形で，直営から外部に出されてしまう。せっかく，自分で自主研修に行ってサービスの内容を深めてできるようになったのに，それを市民にサービスするチャンスを奪われてしまうという，もどかしい現実があります。

3. 児童図書館員をめざす人に

　これから児童図書館員をめざす方に申しあげたいのは，本当に自分でやるっきゃない状況なんですけれども，30年，40年かけて現場で育ててもらったという私のような体験が，今の人たちはすごく難しくなっているな，と感じます。即戦力を求めますというのが，現場としては，中で育てていくというのは難しい。やはり大学で学んでいらっしゃる時に，なるべく近くの公共図書館で実習で入れてもらうというような形で，現場を体験して，その楽しさ，素晴らしさを実感して，それをバネに公共図書館にすぐに就職できなくとも，児童図書館員として働きたいという志を失わずにがんばっていただきたいと思います。

2 利用者からの発言 ①

利用者の立場から児童図書館員養成に望むこと

箕浦　敏子（世田谷の図書館を考える会）

1. なぜ図書館運動に関わってきたか

　40年前，長男が小学校1年生のとき，PTAの集まりで，学校図書館担当の先生に絵本『花さき山』（斎藤隆介作・滝平二郎絵　岩崎書店）を紹介され，親を対象に読み聞かせをしてもらった。それまで，子どもは幼稚園にも通い6歳にもなっているのに，このような絵本があることを若い母親である私は知らなかった。決して子どもの本に関心がなかったわけではないが，絵本は，書店の店先にたててある回転式絵本塔にあるものも買っていた。それからは下の子ども（当時2歳）を自転車に乗せ，3km以上も離れた区立図書館に通った。図書館にも絵本の力にも魅了され，この感動をわが子や地域の子どもたちとともに味わいたいと思い，自宅に「ともしび子ども文庫」を開設した（1971～1990年）。当初，新刊絵本や児童書を400冊買い入れ，知り合いの児童文学作家（2人）からの寄贈もあり700冊くらいからスタートした。週1回の文庫の日は，近所の親子で狭い部屋は満杯だった。

　全国的には，家庭文庫や地域文庫，親子読書会の活動が盛んになり始める頃であった。世田谷には家庭文庫草分けの「土屋文庫」があり，杉並には石井桃子さんの「かつら文庫」が活発に活動していた。1970年には親子読書・地域文庫全国連絡会が結成され，74年には「東京子ども図書館」が設立された時代である。

　世田谷区内の子ども文庫や親子読書会のメンバーと図書館職員とで交流会をもったのをきっかけに，「世田谷の図書館を考える会」を設立した（1975年）。区立図書館には「司書職制度」がないこともこのとき知った。司書職制度問題，団体貸出用の配本車を要望，図書館の増設を願う請願，学校図書館に人を配置する運動など，図書館を充実させ，発展させるための活動をつづけてきて35年になる。この間，近くの駅前広場（区所有）に区民センターが建設されることになり，私は「跡地を考える住民協議会」に参加した。そこで区民センターに図書館を入れることを強く要望し，区内8番目の図書館が誕生したのだった。駅前ということもあり，利用度の高い図書館として区民に愛されている。私も，3km以上も離れた図書館に通わなくてよくなった。現在，区立図書館は16館あるが，世田谷区には図書館の空白地帯はまだまだある。

　図書館が身近にあるということは，「その人の人生をも変える」といってもよい。私の場合は，図書館で優れた絵本・児童書に出会い，何人かのすばらしい図書館司書に導かれ，文庫活動とともに子育てをし，地域にたくさんの仲間ができ，今もって「子どもの本の勉強会」を続けている。

2. 図書館がかかえる問題点

① 司書職制度がない

　毎月1回開催している「子どもの本の勉強会」で図書館の児童書担当職員に，新刊本の紹介を依頼した。はじめは，職員も自分の勉強になるからと引き受けてくれたが，そのうち，負担が大きいからと館長に断られた。1970年代までは図書館に児童書専用のカウンターがあり，児童書担当の職員がいた。しかし，児童書専用カウンターはいつの間にかなくなり，児童書担当は持ち回りの任務分掌になってしまった。児童書の専門家でもなく，司書資格ももたない一般職の立場で，毎月新刊本の紹介を義務づけられたことは負担であったにちがいない。

　東京23区には司書職制度がないため，図書館職員は一般職で採用される。たとえ司書有資格者であっても図書館以外の職場に配置転換があり，専門性を生かせない。職員数における司書有資格者の割合は，全国的には50％前後だが，世田谷区の場合は別表のとおり20〜30％で推移している。この比率をせめて全国平均まで引き上げてほしいと区に要望すると，教育長からは「配置転換で図書館に来た職員が司書の資格を取りたいと希望すれば，区の予算で資格修得を奨励する」との回答が繰り返されるのみであった。かつて，区立図書館に有能な司書が在籍し，住民からも尊敬され慕われていたが，彼女は，「資格があるだけでは有能な司書にはなれない。経験を積むことが大切で，長年図書館で図書館業務に携わってこそ有能な司書になる。このような23区の制度では司書は育たない。賽の河原の石積みと同じである」と嘆いて，ある地方の公立図書館建設から関わり，その町の図書館に司書職制度を導入することを条件に，その地の図書館長として転出していった。いわば，ヘッドハンティングである。

　かつて，調べ物をかねてある地方都市へ出かけ，まず，そこの県立図書館へ行った。レファレンスをすると，知りたい情報を司書が瞬く間に集め，しかも，隣接する古文書館の学芸員まで対応してくれ，なんと嬉しかったことか。また，2009年3月で閉館された100年の歴史をもつ都立日比谷図書館でも有能な司書に何度も助けられた。職人技としかいいようのない見事な切り口で書物の森へ分け入り，利用者の問いに応えてくれた。県（都）立図書館には司書職制度が確立されていた時代の話である。有能な司書のサービスを受けたことのある図書館利用者は，その満足度を忘れないし，その専門家としての知識と力量に尊敬の念を禁じえない。

② 職員の非正規化と委託問題

　私たち利用者は，図書館でカウンター業務に携わっている職員はほとんどが区の職員だと思っていた。しかし，およそ20年前から開館時間の延長や常勤職員の労働時間短縮（週48時間から40時間へ）によって非常勤の職員がおかれ，現在，世田谷区では，別表のとおり，常勤職員と非常勤職員の数は大差なくなっている。非常勤職員は月8日勤務ということになっているので単純に数だけで比較するのは正しくないが，非常勤3人で常勤1人分の勤労時間と考えても非常勤職員数は常勤の3割を超える計算になる。非常勤には，厚生年金も健康保険も退職金もつけなくてよいので，行政としては安上がりな雇用であろう。皮肉なことに，司書有資格者の非常勤職員のサービスが，一般職員の常勤職員のサービスより優れていると感じることがある。非常勤の図書館職員公募には，有資格者が多数応募し，優秀な人材が集まるという。

加えて，地方自治法一部改正（2003年）により，指定管理者制度が導入され，全国の市区町村立図書館ではその管理者が民間企業，公社，NPOとさまざまな形で委託されている。23区でも大田区をはじめ足立区，板橋区など指定管理者制度を導入しているが，世田谷区は議会で議論にはなっているが，今のところ導入を見合わせている。しかし，一番新しい図書館（2006年開館）では，カウンター業務のみを民間に委託した。夜間も9時30分まで開館している駅前図書館であり，利用率も大きい。何度か利用したことがあるが，カウンターの職員はいつも人が替わり何を聞いても，それが単純な質問でも，即座には答えてもらえず「少々お待ち下さい」と奥へ引っ込んで確かめてからの回答になる。その委託先では，常に「司書募集」をしており，身分はすべて「契約社員」「パート」である。館長に「カウンターで業務を担っているTRCのベストを着た人たちは，よくメンバーが替わるけれどもTRCの職員ですか」と聞いたら「委託先の職員の身分については把握していないし，館長の管轄下でもない」との返答に利用者としては唖然とした。

　非正規としての働き方，派遣社員問題が，大きな社会問題になっている今，公が作り出す「ワーキングプア」の問題としても見過ごせない。図書館は建物・資料・人で成り立っているが，中でも最も大切な「人」がこのような形で置かれることに図書館の危機を感じている。

＜別表＞数字でみる世田谷区立図書館（平成21年11月　資料提供：世田谷区中央図書館，表作成：箕浦）

	H10	H11	H12	H13	H14	H15	H16	H17	H18	H19	H20
登録者数	332,844	379,329	425,226	466,144	325,448	328,567	322,530	319,828	312,689	310,332	312,113
個人貸出数(冊)	5,734,753	5,989,603	5,907,941	5,762,256	5,828,238	6,190,930	6,164,685	6,221,510	6,326,985	6,533,756	6,756,117
資料費(千円)	371,661	303,177	263,578	259,225	275,571	256,655	256,655	259,336	258,383	236,671	230,115
予約件数(件)	248,136	341,907	473,907	517,097	590,671	911,577	1,141,594	1,278,666	1,432,136	1,619,347	1,830,652
職員数(人)	211	211	206	183	185	186	188	190	188	187	193
司書(人)	44	43	51	45	46	47	49	57	56	47	44
司書率(％)	20.8	20.3	24.7	24.6	24.8	25.2	26.0	30.0	29.7	25.1	22.7
非常勤職員(人)	102	99	105	77	147	147	147	147	165	181	169

新館2開館　　　　　　　　　　　　　　　　インターネット導入　　　　　　　　　新館1開館

世田谷区人口83万3千人，区立図書館16館

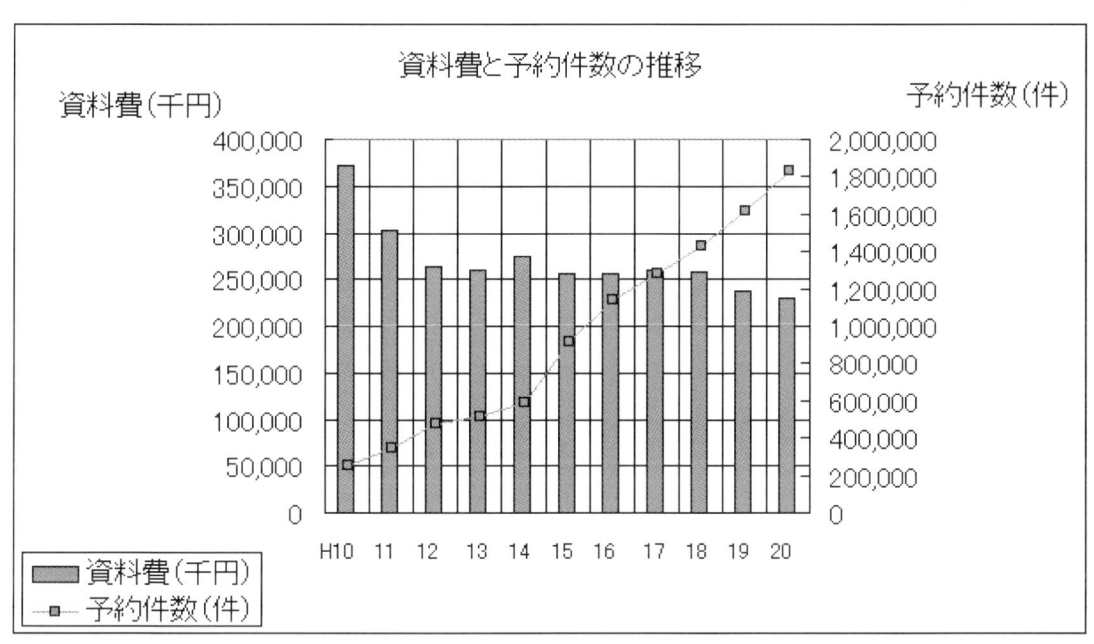

③ 資料費が減っている

　不況で自治体の経費削減が叫ばれるなか，図書館も例外ではない。人件費を削り資料費にまわすといった時代は昔のことで，表で見るように世田谷区の図書館資料費はここ5年間でも2600万円減っている。この間に図書館は1館増えている。10年前の資料費は3億7000万円（15館）で，この10年間で1億4000万円減額されて2億3000万円（16館）になっている。インターネット導入（2002（平成15）年）とともに予約件数は大幅に伸び，便利になり，さらに区内図書館巡回車の整備も進み，以前に比べ割と速やかに本が届くようにはなったが，最近は，区内図書館全体で同じ資料は2，3冊にとどめ，その館になければ予約をして取り寄せるという現象がしばしばである。特に，児童書・絵本などは，子どもが手にとって読みたいと思い，借りるかどうか決めることが多いので，各館に基本図書は配置してほしい。資料費の削減は全国的な傾向であり，これではサービスの後退というほかはない。

　資料費と予約件数の推移のグラフを見ると，この5年間に予約件数は倍に増えている。ある図書館員に聞くと，「不況で，本はしばらく待っても図書館で借りて読もうとする人が増えている」とのことだった。「予約件数だけでは利用者が待機しているとは読み取れない，しかも待機件数は図書館としては必要な数ではないので，実態はわからない」とつけ加えた。若い利用者に聞くと，「本がその図書館にあるかどうかをネットで確認し，在庫していても一応予約はして図書館にいく，確実にとりおきしてもらえるから」と……。確かに，予約件数の中身は数だけでは読み取れないが，平成20（2008）年度を見ても，675万件の貸出数の中で183万件の予約件数は多いと思うし，資料費が削減されてきたことと，予約件数が異常に増えてきたことと関連づけたくなる。

　一方で，こんな現象もある。『ハリーポッター』シリーズ（静山社）は発売当初，区内に各巻80冊は在庫していたが，現在は7巻目の上下巻をのぞいて2，4冊しか置いていない。すべてリサイクル本として廃棄されている。今話題の『1Q84』（村上春樹著　新潮社）は book 1, 2 ともに80冊近くあるが，それでも，予約待機件数は各巻2,000件に及ぶ。これも，1, 2年する

とリサイクル本として廃棄されるのだろう。資料の適正な購入の仕方という点で考えるべき問題である。

3. 児童図書館員として選書眼をどう養うか

「子どもの本の勉強会」を地域で続けてきておよそ35年になる。その間，メンバーたちはそれぞれ地域で子ども文庫活動やPTA活動を展開してきた。はじめは，みんな児童書については素人に近い。だから，先にも述べたように，図書館の児童室の職員に新刊紹介も依頼した。「負担が大きすぎる」と断られてからは，自分たちで新刊紹介をし，年間10冊余りのテキスト（月1回の勉強会）を決めるのもメンバー自身である。メンバーは常に児童書に目を通し，自分たちの力で選書をし，勉強会のテキストも決めてきた。そのためには，どのような本がよい本で，どのような本は少し物足らないか，自分たちの選書眼を問い続けることになる。

日本では新刊児童図書出版は年間約3,600点もある。1日10冊出版されている計算になる。これにすべて目を通すことは不可能であるし，その必要もない。せめて，年間100冊，それも基本図書とよばれる版を重ねている作品も含めて読めば，そして，それを続ければ，優れた作品か否かは自ずとわかるようになる。ここで大切なことは，「子どもが喜ぶから」というだけでそれが必ずしもよい本といえないのではないかということである。想像しなくても次から次へと出てくるテレビの映像に慣れ，奇想天外なゲームにとりつかれてしまっている子どもたちは，軽薄で目新しい展開の作品を喜ぶのは当然である。

ここで，児童図書館員の力量が問われることになる。せっかく図書館に来た子どもたちに，「生きているってこんなにもすばらしいこと」「知らない世界がここにあった」「辛く悲しいことに出会っても信頼できる人間もいる」と伝えられる作品を紹介し，手渡すことを喜びとする児童図書館員がいてほしい。そして，子どもたちがじっくりと物語の世界に浸り，物語を追体験し，人生の喜びを手にすると同時に，苦しみや悲しみとも折り合って柔軟に生きていけるように元気づけることができる児童図書館員であってほしい。

もちろん，児童書関連の書評誌，例えば『子どもの本棚』（日本子どもの本研究会），『子どもと読書』（親子読書地域文庫全国連絡会），『こどもとしょかん』（東京こども図書館）などに丹念に目を通し，自分のアンテナを高く張ることで児童書に対する感性を磨くことが大切で，良書を読み続ければ，選書における力は自ずと養われ，子どもたちに対する対応もそれなりに適切なものになるだろう。

4.「お話会」での図書館職員の役割

図書館，学校，地域，児童館，病院の小児病棟などでの「お話会」は図書館の大切なサービスの一つであるが，お話，読み聞かせ，手遊び歌など，経験を積まないとお話会自体が生き生きと展開されない。かつては図書館も学校も敷居が高く，地域のボランティアサークルが関わろうとするのを好ましく思わなかった時代があるが，最近では，経験を積み，お話の勉強を続けている地域ボランティアのサークルが，適切な形で定期的に，図書館や学校の「読み聞かせ」

や「お話会」の行事に参加できるようになってきた。しかし，その個々のサークルのレベルには差異があり，特に選書については専門家としての児童図書館員のアドバイスが求められる。

　各地で催される「お話会」を成功させるには，PTAやボランティアサークルと図書館員とが緊密な連携をとり，交流がスムーズに行われていることが大切な要件である。

5．赤ちゃんと絵本について

　時たま，保育園の父母の会に招かれて「赤ちゃんと絵本」というふうなタイトルで懇談することがある。そこで「まだ，言葉もわからない赤ちゃんに絵本を読み聞かせるんですか」という若いお母さんのとまどいとも取れる質問に遭遇する。では，親は赤ちゃんが生まれた瞬間から，言葉もわからない赤ちゃんに対して言葉をかけているのはなぜだろうか。そこには血の通った人間的な関わりがあるからで，こうした関わりの中で赤ちゃんは言葉を獲得し，人としてのコミュニケーションを作り上げていく。「絵本をよみ聞かせる」ということはこのコミュニケーションの一つであり，赤ちゃんの世界をひろげ，想像力を育むためのツールに他ならない。

　一方で，今，日本の家庭のほとんどにテレビがあり，そのテレビが家庭で1日5時間映像を流し（実際はもっと長くついているだろう），音が聞こえていたとしたら，しかも，それが赤ちゃんのいる部屋だとしたら，その赤ちゃんは3歳になるまでに5,000時間はテレビの音にさらされていたことになる。しかも，それが騒々しい軽薄な，あるいは殺伐とした映像であったなら，人間的な感性を育てることにはならないだろう。『読み聞かせ　この素晴らしい世界』（ジム・トレリース著　亀井よし子訳　高文研）でトレリースは「子供をその腕に優しく抱きしめることのできるテレビは，まだ発明されていないのだ」と語る。

　「赤ちゃんと絵本」について考える時，ブックスタートというシステムに注目したい。これはイギリスで1992年に始まった制度だが，0歳児健診時（だいたい4か月健診時）に保健センターなどで，十分検討され選ばれた絵本を親子にプレゼントし，赤ちゃんに絵本を読んで聞かせ，絵本の読み聞かせがいかに楽しく，また親子のコミュニケーションを豊かにするかを伝える運動である。日本でも2000年の「子ども読書年」をきっかけに，2002年「ブックスタート支援センター」（NPO法人）が設立された。現在（2009年）では全国718の自治体で実施されている。この制度の優れている点は，図書館に関心がない家庭でも，赤ちゃんの絵本を知らない親にでも，赤ちゃんの健診時に保健士や図書館員，あるいは，地域のボランティアから情報を得ることができるということである。イギリスでは，この制度を実施後，家庭で図書館へ行く回数が増えた，家族で読書の習慣が増した，友だちへのプレゼントで絵本を選ぶことが多くなった，などの報告がある。

　私は，息子が小学校に上がってはじめてすばらしい絵本に出会ったと最初に記したが，今，ブックスタートで，若い親が実際に赤ちゃんへの読み聞かせを見聞し，すばらしいと思える絵本の存在を知ることはその家族にとっては大きな財産になると思う。これがきっかけで，図書館に足を運び，子どもと親が良質な言葉で語られる絵本を手にし，赤ちゃんへの読み聞かせが生活の一部になるとしたらどんなにすばらしいことだろうか。そこには本の力を信じて働く児童図書館員にいてほしい。子育て中の図書館利用者に適切な絵本の紹介やサービスの提供を期

待している。

　では，いつから赤ちゃんに絵本を読むかということになるが，ここにある例をあげておきたい。

　自分の家族のことで気が引けるが，昨年2月に生まれた孫がいる。生後2か月の頃，寝ているか，おっぱいを飲んでいるか，泣いているかの生活から少しだけ泣かないで起きている時間ができてくる。そのときに，母親（我が家の文庫活動とともに育った娘）が絵本を読んでやった。すると，赤ちゃんはじっと見入ってニコニコと笑い，手足をばたばたして喜んだ。それからは，毎日毎日，絵本を読んでいる。今では1歳になったばかりだが，歩き始め，自分でお気に入りの絵本を箱から出して「読んで」というふうに持ってくるようになった。ちなみに，今お気に入りの絵本は『しろくまちゃんのほっとけーき』（わかやまけん絵　こぐま社）と『くろねこかあさん』（東　君平さく　福音館書店）だそうだ。

　最後に「カレントアウェアネス-E」No.139での記事を紹介しておこう。これは，2008年11月，アメリカのシカゴで開催された米国図書館協会年次大会の基調講演を務めたオバマ大統領（当時上院議員）の子どもの本に触れたごく一部分の言葉（要旨）である。

　「我々が今日生きている知識社会においては，識字こそが，最も基本的な通貨なのである。……親はテレビを消して，子どもに読み聞かせをすることができる時間を，また読んだものについて語る時間を作るべきで……図書館に関しては，子どもの最初の健診の際に，子どもの人生最初の図書館利用カード，または，人生最初の1冊 "Goodnight Moon"（オバマ氏が好きだとする絵本。邦題は『おやすみなさいおつきさま』）を持ち帰るようにするべきだ。」

　幼少期に優れた絵本を読んでもらい，濃密な読書の習慣を生活に取り込んで成長した子どもは，大人になっても図書館の本のそれぞれの個性に敬意をはらい，書物から人生への多くの啓示を受けることだろう。

2 利用者からの発言 ②

八王子市児童サービスを考える－利用者の立場から

望月　博子（いちいの木文庫）

　八王子市の「読書のまち八王子推進計画」には，予算確保，図書館増設，司書職制度確立等の根本的整備がなされていません。大きな課題を抱えたまま項目を網羅した推進計画では戸惑います。その現状を踏まえて利用者の立場から考えると，利用者が日常的に直接うける次のサービスを実践することがすべての推進計画の基盤になると思います。

1. 児童サービスは子どもへの働きかけを優先すべき

　いうまでもなく図書館員は子どもと本を結ぶことが一番の仕事と思いますが，それはカウンターやフロアワーク，レファレンスワークなどで，子どもに働きかけること，子どもとコミュニケーションをとることから始まります。
　ところが，正職員は事務処理に追われ，お話会やイベントのときだけ子どもに接しているのではと見受けられます。土曜日にお話会をしていますが，子どもたちは大きな建物に入り緊張するようで，リラックスさせるためわらべうたや手遊びを導入しています。児童室に適切に対応できる図書館員がいれば，子どもたちは図書館を身近に感じ，自由に本を選び，楽しむことにつながるかもしれません。けれども図書館員が事務に追われ，子どもに関わることに意義を感じなければ，子どもを知ることも，子どもの読書を考えることも，将来の図書館利用にスムーズに導くこともできません。自治体の数値目標に左右される政策を優先して，限られた職員で通年開館，夜間開館，多すぎるリクエスト数などに対応し，重要なサービスを非常勤職員，アルバイトに頼る現状は，利用者へのサービスがおろそかになっています。

2. 図書館員は過去の文化を子どもへ伝える役割がある

　これも当然のことですが，図書館員の資質には本が好きで，すぐれた文学を楽しめる人が求められます。そして，子どもと本を結ぶために，読み継がれたよい本を基本図書として，魅力的な蔵書を整えることがサービスの基盤だと思いますが，八王子市では基本図書が揃っていません。過去からの蓄積を読み継いだよい本を子どもたちに伝えることを図書館員こそが取り組んで欲しいと思います。
　子どもの読書ばなれ，図書館ばなれ，と言われる今こそ，読み継がれた力のある本を積極的に伝えるべきで，文庫でも時の試練を経た本を頼りにしています。しかし，選本や推薦図書リストには新刊本，人気のある本など，表面的に目を引く本を選ぶ傾向があると思います。今の新刊本には子どもの成長を誠実にとらえ，子どもの想像力を豊かにする本がとても少なく，言葉も絵も刺激的なもの，写真に頼る視覚的なもの，ゲーム感覚で差し出すもの，何も残らない

甘ったるいもの等が多く，将来に残る資料は少ないと思います。今の子どもたちを活字ばなれ，本は読まないと安易に括らず，図書館員や大人の力が弱いと感じるべきと思います。基本図書の意義を誠実に捉え，子どもたちに積極的に薦める本は一時的な流行に流されず図書館員の責任を持って選ぶべきと考えます。

　今，インターネット時代の情報処理能力など高度な専門性の育成が望まれています。けれども児童サービス図書館員には，個々の子どもと本を結ぶことを大切にし，子どもと本の未来を担う人が求められていると思います。京王線沿線7市等の連携がはじまり興味深く利用しています。気になる本の所蔵冊数を比べでみると通常の5〜6倍も収集している図書館もあり，図書館員の工夫が垣間見えます。図書館員の基本的な児童サービスの実践により，利用者が図書館を身近に感じることができ，利用者に役に立つ図書館につながると思います。課題に潰されそうな今，よりよい社会を目指す図書館員の信念を貫いて欲しいと願ってやみません。

2009年1月10日　いちいの木文庫

3 日本の大学における養成の現状と諸課題

塚原　博（実践女子大学）

0. 今日の話について

今日は，日本の大学における養成の現状と諸課題について話します。まず，「はじめに」を話し，2番目に，現在の「日本の児童図書館員教育，養成制度」がどの位置にあるのかを歴史的に確認するための話をします。形態に焦点を当て時系列に話しますが，途中からちょっとずれるところがあります。3番目に，これまでに出された児童図書館学教育についての提案や意見などにどんなものがあるかを取り上げます。アメリカの2段型児童図書館学教育や，国際図書館連盟（IFLA）児童図書館分科会が1986年に示した児童図書館学教育のモデルが，注目すべきものです。4番目に，現状について『日本の図書館情報学教育　2005』（日本図書館協会）に基づいて触れます。全体的に制度的な話になりますが，5番目の科目の内容で，具体的な内容を話せればと思います。最後に，課題と今後の方向について話したいと思います。

1. はじめに

さて，2009年4月に大学で図書館学を教えるときの科目，つまり修得すると司書の資格が取れるという科目の中に「児童サービス論」が必修2単位で設定されました。今まで司書講習科目として「児童サービス論」が必修1単位と定められていましたが，それが2単位になりましたので一応前進です。

この案について文部科学省が事前に都道府県立図書館にアンケートをとったようですが，たいていの都道府県立図書館が，1単位が2単位と倍増するのだからよいと答えたらしいのです。ところが，22年前に，当時大阪市立図書館の辰巳義幸さんが，公共図書館司書の養成課程では，少なくとも1986年のIFLAの勧告のように全科目の70分の7を児童図書館学の科目に当てる（すなわち，当時の全19単位なら2単位にする）べきであると，既に『現代の図書館』や『図書館界』で公表しています。[*1]　1996年の科目改訂のときに2単位にしてよかったものなのです。

なお，後でまたお話しますがIFLAの勧告では，児童司書の養成課程では，全科目の70分の10を児童図書館学の科目に当てるべきといっています。今回，最初全28単位案が示されましたが，日本図書館協会などの要望もあり，最終的に24単位に引き下げられてしまいました。この全24単位の場合にも，IFLAの勧告での児童司書の養成・教育を考えれば，児童図書館学の科目に3，4単位を当てることになります。

今回の改訂で司書資格をとるには，どの大学でも2012（平成24）年度からは「児童サービス論」必修2単位で行われるので改善されることにはなります。「なります」というのは，現在6割以上の大学で既に児童サービス論は2単位で開講されていて，残りの4割を切る大学で2単位に改められるのです。つまり，約4割弱の大学で単位の上で前進することになるということ

なのです。

と同時に，国際的レベルでは日本の児童図書館学教育はまだまだ大変不十分です。当面，1986年にIFLA児童図書館分科会が勧告した相対的な観点からの最低基準に引き上げ，改善する必要があります。そして，しっかりした養成・教育の上に，現場での研修，日本図書館協会や図書館関係団体での研修が行われることが，本来的でしょう。

2. 日本における児童図書館員養成・教育の簡略史

現状がどういう立ち位置にあるのかを知るための話です。

2.1 図書館学1科目の一部として児童図書館を扱う形態

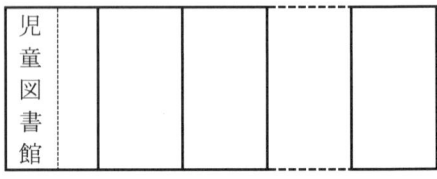

第1の形態
①必修1科目中で児童図書館を扱う型

（図中の□が図書館学1科目を示す）

最初に日本で児童図書館員の教育を行ったのは，今沢慈海です。1921（大正10）年文部省図書館員教習所で「管理法一般」，今で言えば「図書館経営論」ですが，その中で"児童図書館"の講義が行われました。児童図書館界の先達の小河内芳子さんがそのことを書いています。[*2]
日本の児童図書館学教育は，図書館学科目1科目の一部分として児童図書館について教えるという形でスタートしたのです。

2.2 児童図書館学科目独立1科目型

第2の形態
②児童図書館学科目独立1科目設置型

その後，児童図書館の科目が1科目として設置されるのが1934年です。日本図書館協会の講習会で6科目中の1科目，全体の6分の1（13.7%）が「児童図書館」に当てられ，竹内善作が講義をしました。1つの科目丸ごと児童図書館のことが教えられましたから一段の進歩です。独立1科目の段階になりました。その後，この型は1941年図書館講習所「児童図書館管理法」（1単位），そして1950年司書講習「児童に対する図書館奉仕」（全15単位中1単位）にも受け継がれました。

1982年頃には児童図書館学科目1科目2単位型で教える大学，例えば，図書館情報大学が出てきました。1987年頃には立教大学，専修大学，大東文化大学，関東学院大学なども2単位で開講するようになりました。

そして，1968年から司書講習では「必修1科目の一部と，児童図書館学選択1科目」（2.5参照）であったのが，1996年の司書講習科目改訂により独立1科目1単位型「児童サービス論」（全19単位中1単位5.3%）と30年ぶりに復活しました。この時点で最低2単位10%にすべきだったことは，辰巳さんが指摘しているところです。

この科目改訂に際して，専修大学では「児童サービス論」を通年で教える1科目4単位型にしています。

さて，今回改正の「児童サービス論」も1科目2単位型です。全体の単位が24単位に増えましたから，児童図書館学の科目を3単位（講義科目1科目2単位，演習科目1科目1単位）に増やせたはずで，日本図書館協会児童青少年委員会がパブリックコメントで要望したにもかかわらず2単位に留められてしまいました。

2.3 複数の児童図書館科目設置（2科目4単位設置，4科目8単位設置など）

第3の形態
③児童図書館科目独立複数科目設置型

児童サービス論	児童資料論			

それから，2科目を教える形，児童サービス論と同時に児童資料論などを教える形が，既に約60年前に行われています。1951年に慶應義塾大学の図書館学科（Japan Library School）ができたときに設置されました。それは，必修科目の「児童及び青少年図書館活動」（2単位）と選択科目の「児童文学とストーリーテリング」（2単位）で，ハナ・ハント（Hannah Hunt）が担当しています。また，36年後（1987年頃），この2科目4単位型は，聖学院大学や中央大学で設けられています。同じ頃，2科目5単位型が図書館情報大学で設置されています。

さらに，筑波大学では，1999年頃に3科目6単位型が，2004年頃に4科目8単位型（「児童青少年情報メディア論」，「情報メディア実験・演習（児童青少年情報メディア論）」Ⅰ，Ⅱ，Ⅲ）が出現しています。

2.4 図書館学必修科目の一部での児童図書館の講義と選択1科目の児童図書館学科目の設置

第4の形態
④必修1科目の一部と選択1科目設置型

青少年の	読書と資料			
児童図書館				

1968年に，図書館学1科目の一部で児童図書館の講義を行い，選択1科目で児童図書館学科目を教える型（簡易2段階型）が出てきます。1968年図書館法施行規則改正によるもので，それまでの必修科目「児童のための図書館奉仕」は削除され，新設の必修科目「図書館活動」（2単位）の中で児童図書館の講義を行い，別に選択科目「青少年の読書と資料」（1単位）を設けました。しかし，「図書館活動」2単位では児童サービスまで教えきれないとか，児童サービスから一般サービスまでのすべてを話せる先生がいない場合は，児童サービスの講義がされないということが起こりました。また，「青少年の読書と資料」は選択科目でしたので，選択科目は開かないという大学がありました。これは，必ずしもうまく行かなかったのです。先ほどお話があったように，小関知子さんの大学では，この「青少年の読書と資料」が取れたのですが，そうでない人もいたのです。

どうして，このような話をしているのかというと，私たちの現状がどういう立ち位置にあるのかを知るためです。現在規定されている司書講習科目は「児童サービス論」1科目1単位型で，今回改正の「児童サービス論」は1科目2単位型です。既に20年前に一部の大学で導入されている型で，進んだ形態とは言えません。

2.5 児童図書館員養成専門講座・人材育成制度

大学での養成・教育ではないのですが，児童図書館界できわめて注目すべきものが，養成講座や人材育成制度です。1つは，ここ日本図書館協会で行われている児童図書館員養成講座です。会場にいる方の中にも修了生がたくさんいますが，かなりの科目（テーマ）が設置されていて，1980年に第1回が開催され，司書有資格で図書館実務経験者を対象に現在は，前期6日間，後期9日間の15日間で朝の9時から午後5時まで行われます。時間数にして全体で105時間くらいで，大学で90分授業15回で2単位ですので，換算すると4.7単位に相当します。課題もたくさん出ることはよく知られていますし，講義は密度の濃いもので，科目も多様性にも富んでいて，例えば，「児童奉仕の運営・年間計画」，「障害のある子どもたちへのサービス」，「図書館の魅せ方」，「図書館サービスと著作権」，「選書・蔵書構成」，「科学の本と科学あそび」，「レファレンス」などがあります。この講座は，全国的に図書館界では評判のもので，好評です。

第2番目に注目したいものに，東京子ども図書館の研修制度があります。今日この後で張替さんから発表がありますが，期間が1年または2年で，東京子ども図書館での実習をしながら，文献講読や演習をしたり，東京子ども図書館で行われている講習会へ参加したり，他の図書館の見学，全国図書館大会や児童図書館研究会全国学習会などの研修会への参加も行われます。期間が1年とか2年と長期にわたっており，アメリカの大学の大学院修士課程で学ぶよりはるかに充実しているものといえます。

そこで，少なくとも，大学では，日本図書館協会の養成講座や，東京子ども図書館の研修制度などの形を目指し，児童図書館学教育をしてほしいと思います。

3. 児童図書館学教育についての提案，紹介，レコメンデーション

3.1 1955年ロバート・ギトラー（Robert L. Gitler）による批判と提案

1950年に図書館法が公布されて，司書講習で「児童に対する図書館奉仕」が1単位で教えられていましたが，この日本の状況を見て，慶應の図書館学校のDean（担当責任者）であるギトラーが，「ただ1つの児童図書館学科目1単位を修得して司書の証書を受け取って，日本の青少年に奉仕しようとする時，自らに課せられた要求にこたえるだけの資格ができたであろうか」といっています。[*3] そして，基本（コア）図書館学科目を学んでから，児童図書館学特別課程で学ぶ形態を提案しました。科目として，児童心理学，教育方法，読書指導や，「図書館の理論と機能」，「児童文献」，「青少年文献」，「図書館資料の選択と利用」，「視聴覚資料」，「演習」，「目録・分類」，「図書・図書館の利用教育」などを挙げています。

ギトラーが提案したのは，どの館種の図書館員も全員基本的な科目を学んで，その上で，児

童司書とか法律司書とかさらに専門分野について学んでいくという型です。本格的二段階型児童図書館学教育の提案です。

3.2 1974年室伏武による児童図書館学専門の教育課程（全62単位）の提案

　もう1つ，重要な教育の形ですが，児童図書館学教育をする場合，最初から児童図書員になるための課程を作ってやっていくという方法があります。室伏武によって提案された専門課程で，次のようなものです。[4]

　児童図書館学の5領域として，①児童図書館の原理，②児童，③児童資料，④児童の読書とその指導，⑤児童の教育を示し，基礎科目として5科目20単位（児童図書館学概論，教育心理学，読書科学など）を学び，専門科目として7科目22単位（児童・青少年文献，読書指導，児童図書館経営論，児童図書館実習など），関連科目として5科目20単位（児童文化，教育相談，社会教育，公共図書館，学校図書館など）を学ぶというものです。

　児童図書館学教育の形態としては，(1)図書館学教育全体の中に児童図書館学教育を含める型と，(2)児童図書館学教育を専門・独立に行う型があります。そのどちらの型でやるのかは，大学の形態，総合大学なのか，単科大学なのかとか，また，今までの図書館学教育の歴史的経緯とか，どのように教育した方がよいと考えるかなどが関わってくると思います。

3.3 アメリカやカナダの二段階型児童図書館学教育の紹介

　さて，アメリカやカナダの事情については，次の高橋さんからお話がありますが，アメリカなどで行われているのは，二段階型児童図書館学教育です。先ほどのギトラーさんの提案されたものと同じ型です。これについては1980年代から紹介がされています。まず，コア科目が4～5科目あって，その後各自の専攻分野の科目を履修する形です。

第5の形態
⑤児童図書館学教育2段階設置型

児童資料評価と利用法	児童資料書誌と資料源2	児童図書館サービス	ストーリーテリング	多文化児童資料
社会・利用者・図書館　6単位	書誌管理　6単位			
児童関連事項	児童関連事項			

＜1988年ワシントン大学大学院図書館情報学修士課程の例＞

　私が学んだ例で恐縮ですが，第1段階として基本図書館学科目が2科目12単位あって全学生必修でした。それぞれのコア科目の中で児童に関係する事項が取り上げられ講義がされました。第2段階として，児童図書館学専攻学生向けの科目が5科目15単位ありました。「児童資料：評価と利用法」，「児童資料：書誌と資料源」，「児童図書館サービス」，「ストーリーテリング」，「多文化児童ヤングアダルト資料」です。また，関連科目が2科目6単位あり，「ヤングアダルト文学」，「学校図書館管理」がありました。別に他学部で開講している「ローマ・ギリシア神話」，「スカンジナビア児童文学」，「読書案内」等も受講することができるようになっています。

3.4 IFLA 東京大会児童図書館分科会の三段階型児童図書館学教育についてのレコメンデーション

今日,みなさんに特にお話したいのが,1986年 IFLA 東京大会児童図書館分科会で児童図書館学教育の最良モデルとして出されたレコメンデーション（勧告）です。館種,専門分野によって3つのレベルに分け,理にかなった形で体系的に作られています。*5

まず,第1段階は,一般レベルで,図書館学履修学生全員が,必修として図書館学の全課程の70分の1,すなわち全体の1.4%にあたる児童図書館学の科目を学びます。その内容は,児童の生活実態,児童のメディア環境（含,口承文化）,児童奉仕事情などです。

A=1/70 （1.4%）

第6の形態

⑥児童図書館学教育3段階設置型

児童文学　書評　児童心理学　障害児基礎　教育学基礎　施設　管理運営	専門レベル（児童司書） C=3/70 （4.3%） A+B+C=7/70 （14.3%）
児童資料入門　選書蔵書構成　*書誌参考図書　目標　児童奉仕計画　*対外活動行事　お話会行事	中級レベル（公共図書館司書） B=6/70 （8.6%） A+B=7/70 （10.0%）
児童の生活　メディア環境　児童奉仕事情	一般レベル（全館種司書） A=1/70 （1.4%）

第2段階は,中級レベルで,公共図書館志望学生全員が必修として,全課程の70分の6,すなわち全体の8.6%にあたる児童図書館学の科目を学びます。その内容としては,児童資料入門,選書（資料選択と蔵書構成）,書誌・参考図書,児童図書館の目標,児童奉仕計画,対外活動と行事（お話会ほか）などです。

A+B=7/70（10%）

第3段階は,専門レベルで,児童図書館専攻学生が選択として,全課程の70分の3,すなわち全体の4.3%にあたる児童図書館学の科目を学ぶというものです。その内容としては,児童文学,書評,児童心理学,障害児・読書嫌い・文化的に不利な児童,教育学基礎,施設,児童図書館管理運営などです。　A+B+C=10/70（14.3%）

ちなみに,今回改正のものは,全24単位中「児童サービス論」2単位ですから,全体に占める比率は2/24（8.3%）で,IFLA 公共図書館志望学生向けの10%を満たしていません。また,日本の場合,図書館員の誰もが児童サービスを担当するという考えがありますから,そうすると,児童図書館志望者向けの14.3%からは6.0%も少なく,比率で言えば,8.3/14.3で58%しか満たしていないのです。少なくとも,この IFLA の児童図書館学教育レコメンデーションを緊急にクリアーするよう改善が求められる所為です。

3.5 1998年日本図書館学会研究大会シンポジウム「情報社会における子どもと図書館」4単位必要説等

パネリストの発言として出されたものをいくつか紹介します。まず,児童サービス論が1単位15時間では処理でき（教えきれ）ない,2単位は最低要る,4単位であればなんとかできる,との発言がありました。児童サービスの意義からはじまり,企画・運営,児童の発達段階,児

童資料の種類と特性，選択，読書への導入と展開，学校・地域との連携・協力までを講義するには，1単位（大学の授業で半期の半分7～8回）では，とても講義しきれません。凝縮しても最低2単位，大学の授業で半期15回は必要です。辰巳義幸さん，中多泰子さんのシラバスは2単位，塚原のものは，4単位の例です（資料5，6，7参照）。専修大学で通年4単位で講義したときのシラバスでは，絵本の評価の演習，お話のクラス発表，科学あそびの演習などの演習も組み込まれています。4単位でも，児童資料論の神話，伝説，詩，あそび，スポーツ，芸術，言葉の本，視聴覚資料，研究書などには触れる時間が取れず，レファレンスサービスの詳細についても割愛せざるを得ない状況でした。

これに関連したものに，演習科目なしで子どもに対応できるのかという疑問や，児童資料論（子どもの本と書誌の2つの科目）の開設と，児童向けのプログラムと活動論を選択科目として設置することの必要性，が出されました。これについては，1998年の国内の児童サービス論に関するアンケート調査で「児童資料論」，「児童サービス演習」が必要との意見が示され，2002年にはアメリカの養成例を踏まえ，「児童サービス論」の改正試案として，「資料論」と「サービス論」に分けることなどが示されています。また，大学図書館に講義・演習等で使う児童図書コレクションを設置すべきことも出されました。さらに，受講人数の多さ（例：250人）の問題も出され，司書講習の問題点なども指摘されました。同様な問題を抱えている大学もあります。

ヤングアダルトサービス論を独立の科目にすべきことも主張されました。ヤングアダルトサービスは，一般サービスとして行うということが，YAサービス担当者および研究者によって位置づけられています。今後の日本のヤングアダルトサービスを発展させていくためにも独立科目とすることが重要です。

もう1つ，重要なのは，児童図書館学を教える人がいないという批判が出されることがあります。「図書館経営論」が新設されたとき，いままで教えている人がほとんどいないはずですのに，批判が出なかったというおかしな現象がありました。その科目が司書に必要かどうかで，設置するかどうかを決めるべきで，また，設置されることにより進化発展していくものです。当面は児童司書を非常勤講師として採用し，その間に国民の税金で運営されている国立大学で児童図書館学研究者の養成をしてほしいとの要望が出されました。今まで日本国内では，ほとんど児童図書館学について本格的に学べる機会はありませんでしたので，海外に出て行くしかなかったのです。しかし，図書館情報学を教える国立大学があるわけですから，早急に取り組んでもらいたいわけです。教員になるには，研究業績が必要で，それには論文を書くことが必要です。

3.6 2009年日本図書館協会児童青少年委員会の「図書館法施行規則の一部を改正する省令案」への意見

児童青少年委員会は，パブリックコメントとして，必修科目「児童サービス論」（2単位）と必修科目「児童資料論」（または，「児童サービス演習」）（2単位）設置を要望しました。ただし，総単位数を増やせない場合は，必修科目「児童サービス論」（2単位）と選択科目「児童サービス特論」（1単位）の設置を求めました（資料3参照）。これはIFLAのレコメンデーション

にそった割合で，児童図書館学科目をおいてほしいという，ささやかな願いです。単純に1単位が2単位になったのだからいいだろういのではなく，少なくとも各国の事情にあわせた形で作られている相対的な国際基準に適った児童図書館学教育をしてほしいというものです。

4.『日本の図書館情報学教育 2005』からみた現状の概括

今の日本の状況がどうなっているのかということですが，図書館学を開講している大学のうち「児童サービス論」を設けているのは，133校中131校，98.5%です。既に2単位で開講している大学が一番多くて63%あります。4単位での開講が2校，2科目4単位で児童図書館学科目を開講している所が3校あり評価できます。

科目名からみて，本当に児童サービス論を教えているのかなというものがあります。例えば，「青少年ライフサポート」のような図書館学の科目名とは思われないものがあります。また，司書教諭科目で「読書と豊かな人間性」という科目がありますが，それと同じ名称のものを司書課程科目において「児童サービス論」に読み替えている所もあります。読書という点では類似性がありますが，児童図書館と学校図書館とでは目的，機能が違うわけですから本来的ではありません。さらに，「生涯学習論」，「図書館経営計画論」，「図書館資料」などに含めている大学もあり，「利用者サービス論」（4単位）や「図書館サービス概論」（4単位）として，図書館サービス論と児童サービス論をわざわざ結合している大学もあって，内実が保たれているのか，という問題が残されています。

2単位型，4単位型のシラバスの例は，資料集に挙げてあります。説明する時間がなくなりましたので，今日お手元に2単位で行っている例，それから，私がどんなふうな考えで「児童サービス論」を行っているかを書いた記事も追加資料[6]として配付しましたので，後で見てください。

5．おわりに

課題ですが，先ほどお話しましたが，科目名が内実を表していないのもありますので，これを「児童サービス論」とか「児童図書館論」とかの名称に直して，きちんと教えていただくことが必要です。また，複数の児童図書館学科目設置の声がいろいろと挙がっていますので，複数科目設置を行っていくことが必要です。

教える人がいないという批判がありますが，先ほど言いましたように現場の人に，それもある程度書いたものがないと認められませんので書いてもらうことが必要ですが，担当講師になってもらう。児童青少年委員会でも，昨年，「児童図書館学研究」という論文誌を出してみんなに書いてもらおうと，児童図書館研究会によびかけをしました。みなさん，現場の経験を理論化していくことが現場の児童サービスを高めることになりますので，児童サービスの実践，経験を記録するところからはじめ，それを基に論文を書くようにしてみてはいかがでしょうか。それから，大学院です。筑波大学とか，慶應大学とか，いくつかあります。最近は社会人を受け入れる大学院もありますから，そこで児童図書館について研究し，論文を書くといいでしょ

う。

　少子高齢化社会であるから，児童サービス論は2単位も必要ない，バランスを欠く（会場から笑い），という意見があります。これは一見マクロ的にみて最も正しいようにみえますが，赤ちゃんから幼児，子どもの時代に読むための環境を整えることは大切なことで，その子たちが図書館を利用し，ヤングアダルト，大人になって利用者になっていくということを考えれば，一概に頷けるものではありません。こういう批判があることを私たちは知っていて，それに対応していくことが必要です。

　科目内容は，すぐれた教科書も出ていますので，ある程度対応できるかと思いますが，教える人の養成を直ちにするのは難しいので，児童図書館の科目を教えるための研究会などを作ることも必要かと思います。

　今回の省令改正により，すべての大学で「児童サービス論」が2単位開講となることは，一応の前進といえますが，各国のそれぞれの状況をよく考慮して勧告されたIFLA児童図書館分科会が示した国際基準に，日本の児童図書館学教育を早急に引き上げることは，サービスを受ける子どもたちにとって大変意義深いものです。少なくとも図書館学研究者，児童図書館員，公共図書館関係者はそのことを認識し改善にあたりたいものです。

　結論としては，児童図書館の科目，これは教える人のためのものではなく，子どもたちによいサービスをしていく，そのために必要なものです。今まで児童図書館に関わる人は，小関さんのように勉強し，いろいろ研究しながら大変な思いをしてやってきているわけです。ですから，基本的な部分，基礎的な部分，理論的な部分などについては，図書館に入る前に，大学で教えてもらう。そして，図書館に入ってからさらに研究を積み上げていく，ということをしていくことが必要です。

　最後に，すぐれた養成をして，すぐれた人材を輩出して，その人たちによいサービスをしていただきたい。とともに司書職制度を確立していくことが必要です。そうしないと，人材は育成したけれど，入口はあったけれど出口がないという形になります。ここのところをどうするか，ここが非常に重要です。きっと就職することができるということが前提とされていれば，この養成制度は上手く機能していくと思います。車の両輪です。働く場所の確保が必要です。その2つを継続してやっていくことが必要です。

　これで終わります。

1　辰巳義幸「児童図書館奉仕の現状と将来」『現代の図書館』26（2），1988，p.76
　　辰巳義幸「児童サービス（図書館・図書館学の発展－20世紀から21世紀へ<特集>）」『図書館界』45（1），1993，p.62-67
2　小河内芳子『公共図書館とともにくらして』いづみ書房，1980，p.28-34
3　ギトラー，ロバート・エル（Gitler. Robert L.）「明日への建設：青少年に対する図書館奉仕のための教育－機会，そして義務－」『図書館雑誌』49（2），1955，p.13-15
4　室伏武「児童図書館員の養成について」『図書館界』25（5/6），1974，p.221-226
5　Skoglund, L. "Education and Training of Librarians in Children's Librarianship", IFLA Tokyo
　　Conference, Children's Libraries Section, Paper 15-CHIL-1-E　1986
6　塚原博「児童図書館学教育の型についての研究」『実践女子大学文学部紀要』No.49，2007，p.73-81

4 北米の事例に見る児童図書館員養成の現状

高橋樹一郎(天理市立図書館)

はじめに

本発表では,北米の児童図書館員養成の現状について説明したいと思います。

Section 1 では,アメリカの児童図書館員の求人広告を参照し,現在,図書館の現場で,どういった資格や技能を持った人材が求められているのかを確認します。そして Section 2 以降で,こうした資格や技能を持つ人材がどのように育成されているのかについて,具体例をいくつか挙げながら考えたいと思います。

Section 1 : Degree Required ―児童図書館員に求められる学位や能力―

教育とは社会が必要とする人材を育成することです。逆に言うと,ある特定の技能や知識を持った人材が,社会から求められているからこそ,教育は行われているはずです。

そこで,まず児童図書館員の教育(養成)について考える前に,どのような能力や知識を持った人材が,児童図書館員の現場で求められているのかについて確認したいと思います。児童図書館で求められている技能・知識とは,すなわち,児童図書館員養成の場において伝えられるべき技能・知識(または学生が身につけるべき技能・知識)でもあります。

次に示すのは,ボストン公共図書館とダラス公共図書館の児童図書館員募集の求人広告です。

① Boston Public Library(Massachusetts)の求人広告の Job Description より一部抜粋
   Position: Children's Librarian
   Salary: $40,975 - $55,256
   Minimum Qualifications:
   * A master's degree in library science from an accredited library school.
   * Courses in children's literature and/or work, taken for credit, at an accredited library school. Storytelling courses and/or experience desirable.

   *Source: http://www.simmons.edu/gslis/careers/jobs/jobline/public/1901.php (2009.10.10 accessed)

② DALLAS PUBLIC LIBRARY(Texas)の求人広告の Job Description より一部抜粋
   Position: CHILDREN'S LIBRARIAN
   Salary: $26,709 - $29,914
   Minimum requirements:
   This entry-level Librarian's position requires a Master's Degree in Library Science from an ALA-accredited university or a Master's Degree in Education, with children's literature specialty.

Candidates will have course work in children's literature and storytelling as well as training in presenting programs and performing reader's advisory service to children.

*Source: http://lists.webjunction.org/wjlists/publib/1999-February/087818.html (2009.10.10 accessed)

それぞれの求人募集に記されている「Minimum Qualifications」と「Minimum requirements」，つまり，最低限必要とされる資格や技能を見ると，いずれも，ALA（American Library Association: アメリカ図書館協会）から認証を受けた大学で取得した図書館・情報学の修士（Master's Degree in Library Science）を持っていることが求められています（ALA の認証については後で述べます）。

このように修士が求められるのは，児童図書館員以外の職種，一般の公立図書館員，学校図書館員，大学図書館員の求人でも同じことです。

次に，児童文学やストーリーテリング等，児童サービスに関わる十分な知識・技能を持っていることも求められています。

上記の求人募集は一部抜粋したものですが，こうした募集要項には，もっと細かく必要とされる技能が列挙されていることが多く見られます。目録規則や分類法についての知識，レファレンスや読書案内を行う能力，夏休みやクリスマス会等のプログラムの計画・実施能力，同僚とチームワークを保ちながら職務を遂行する能力など，たいへん実務的な項目が挙げられています。

これらの求人広告を見てお気づきのように，北米では図書館員の養成が大学院レベルで行われています。さらに，「course work in children's literature and storytelling」を履修していることを求めているように，児童サービスの専門家を育成する講義も開講されています。

（参考）
・上記以外の求人広告の例を調べる場合，Google などの検索サイトで，「Children's Librarian」「Job Description」「Job Opening」等のキーワードを入力すればよいでしょう。
・アメリカの公立図書館のリクルート活動については，サンフランシスコ公立図書館に勤務している女性による体験記が参考になります。
悦子・ウィルソン『サンフランシスコ公共図書館：限りない挑戦』日本図書館協会，1995

Section 2：Education for Librarianship —北米の図書館情報学教育について—

アメリカそしてカナダで司書資格を取得するためには，大学院の図書館・情報学科に入学して，必要な単位を取得して修士を取得しなくてはなりません。

北米と日本とでは，司書養成のシステムが大きく違うため，少しわかりにくい点もあるかと思われますので，児童図書館員の養成について述べる前に，まずアメリカ・カナダの図書館学教育の概略について説明したいと思います。表1に概略をまとめています。

（表1）

司書資格：	図書館・情報学の修士が司書資格となる。 ＊ 修士名は，Master of Library and Information Studies（MLIS），Master of Library Science（MLS），Master of Librarianship, Master of Information Studies, Master of Information 等，さまざまである。
司書資格の取得の方法：	
教育機関：	アメリカ図書館協会（American Library Association）の認証（Accreditation）を受けている大学院の図書館・情報学科
必要な単位：	おおむねアメリカでは36単位，カナダでは48単位が必要とされる。 ワシントン州立大学のように，semester制ではなく，quarter制をとっている場合，卒業までに63単位（63 quarter credits）必要という場合もあります。 大学院の図書館・情報学科での授業は，ひとつの科目が3時間（3単位）。したがって，上記の単位数を科目数にすると，アメリカ36単位＝12科目，カナダ48単位＝16科目となります。
履修期間：	およそ1年半から2年程度。履修期間は，1学期間に履修する科目数，時間割等により多少変わります。

ALAの認証（ALA Accredited）について：

　ALAでは，図書館・情報学科を審査するための基準 the Standards for Accreditation of Master's Programs in Library and Information Studies を設け，この基準を元に，定期的に，アメリカ，カナダ，プエルトリコの図書館・情報学科を審査します。そして，この審査を通過したところのみが，ALA Accredited の Master's Degree in Library Science を学生に授与できます。

　なお，この認証についてはさまざまな立場を持つ大学院もあり，カリフォルニア大学バークレー校のケースのように，かつてALAの認証を受けていながら，現在は認証を受けないまま（または必要としないまま）運営を続けているところもあります。

　現在，アメリカ，カナダ，プエルトリコには，ALAの認証（ALA Accredited）を受けた図書館・情報学科が62校あります（平成22年7月4日現在。ALAのホームページにて確認）。

　ALAの認証について興味がある方は，下記参考文献を参照して下さい。

（参考）近年発表された北米の図書館情報学教育やALAの認証についての文献，およびサイト等。
・アメリカ図書館協会ホームページ（American Library Association : Education & Careers）
　http://www.ala.org/ala/educationcareers/index.cfm
・大城善盛「アメリカ合衆国の図書館情報学教育における認定」『図書館界』50（4），1998，p.168-177
・倉橋英逸，大城善盛ほか共著『21世紀の情報専門職をめざして：カナダとアメリカ合衆国における図書館情報学教育と情報環境』関西大学出版部，1998
・大城善盛「カナダにおける図書館情報学教育(1)」『人文學』161，1997，p.192-236
・大城善盛「カナダにおける図書館情報学教育(2)」『人文學』163，1998，p.1-46
・酒井由紀子「北米の図書館情報学教育：ノースカロライナ大学チャペルヒル校での経験を中心に」『Journal of library and

information science』15，2001，p.45-54
・酒井由紀子「北米の図書館情報学教育の現況（<特集>海外の図書館情報学教育に学ぶ）」『情報の科学と技術』52（7），
　2002，p.354-363
・髙橋樹一郎「北米の図書館情報学科への留学ガイド（<特集>海外の図書館情報学教育に学ぶ）」『情報の科学と技術』
　52（7），2002，p.377-382
・溝上智恵子「アメリカの図書館情報学教育と認証評価」『図書館情報メディア研究』2（2），2005，p.33-44
・石橋節子「アメリカで図書館学を学んで：メリーランド大学で得たもの」『あうる』88，2009，p.44-48

Section 3：Education for Children's Librarian 1

　現在，北米の図書館・情報学科では，どのように児童図書館員が養成されているのでしょうか。この節では，アメリカ，ボストンの Simmons College の図書館・情報学科で開講されている児童図書館関連科目を例に挙げて，具体的な養成の方法について考えます。

　シモンズは，数多いアメリカの図書館・情報学科の中でも，教授の陣容，講座内容等がたいへん充実している学科のひとつで，児童図書館関連の科目もたいへん多く開講されています。他にはイリノイ大学アーバナ・シャンペーン校，カナダではブリティッシュ・コロンビア大学の図書館・情報学科も同様に，規模が大きく，児童図書館サービス関連の講座が数多く開かれています。

　一般に，教授が多い大規模な学科では，当然ながら，さまざまなテーマのコースが多数提供されています。一方で，カナダのダルハウジー大学の図書館・情報学のように小規模な学科では，「Services and Resources for Young Adults」「Services and Resources for Children」の 2 つしか児童図書館関連の授業が提供されていないこともあります。また，かつて私が通っていたカナダ，モントリオールのマクギル大学の図書館・情報学科では，現在，児童図書館サービス関連の講座がまったくなくなっています。

　シモンズの図書館・情報学科については，卒業した方が体験記を残してくださっていますので，具体的な講座内容や学生生活については，そちらを参照していただければと思います。ここでは，どんな講座が開講されているかに注目したいと思います。
　表 2 の「単位数」と「科目内容」の項目をご覧ください。
　まず，必修科目として 5 科目（1 科目 3 単位）用意されています。これらの必修科目では，レファレンスや情報検索など伝統的な図書館の知識を取得すると同時に，組織のマネジメントや情報技術についても学ぶことになります。
　シモンズでは卒業までに 36 単位必要ですが，この必修 5 科目で 15 単位となり，残り 21 単位つまり 7 科目が選択科目となります。
　なお，マクギルでは，卒業までに必要な 48 単位（16 科目）のうち，実に半分の 24 単位（8 科目）もが必修になっており，それだけ選択の幅が狭くなっていました。

　さて，シモンズに話を戻します。表にはシモンズで選択科目として開講されている多数の講座のうち，児童図書館サービスまたは学校図書館サービスに関わる講座だけを列挙しています。

（表2）

Simmons College について	
下記の情報は，Simmons College のホームページを参考にしています。	
source: http://www.simmons.edu/gslis/ (2010.7.4 accessed)	
学部名：	Graduate School of Library and Information Science
教員数：	Full-time Faculty として25名
修士名：	Master of Science in Library and Information Science
履修期間：	最低でも4学期（four terms），最長でも6年以内に修了。
単位数：	36単位
必修科目（Core Courses）：5科目	
	LIS 403: Evaluation of Information Services
	LIS 404: Principles of Management
	LIS 407: Reference/Information Services
	LIS 415: Information Organization
	LIS 488: Technology for Information Professionals
選択科目（Elective Courses）：	
	LIS 406 - Organization and Management of School Library Media Centers
	LIS 411 - Information Sources for Children
	LIS 412 - Library Programs and Services for Young Adults
	LIS 423 - Storytelling
	LIS 431 - Instructional Strategies for Effective Teaching and Learning in the School Library Media Center
	LIS 450 - Organization and Management of Public Libraries
	LIS 481 - Children's Literature and Media Collections
	LIS 482 - Library Programs and Services to Children
	LIS 483 - Young Adult Literature
	LIS 531 - Library Programs and Services for Young Adults
	LIS 531 – Special Topics in Children's Literature and Library Science

　時間割の都合や担当教授が長期間の休暇に入る等の理由で，すべての科目が常時開講しているとは限りませんが，実に多くの講座が提供されていることに驚くと思います。

　日本の司書課程では，児童図書館サービスについての講座は「児童サービス論」がただひとつ開講されている場合がほとんどで，この「児童サービス論」2単位の中で，児童文学，ストーリーテリング，ブックトークなどについての講義が行われますが，シモンズでは，ストーリーテリングやヤングアダルトがひとつの独立した講座のテーマとなっています。

　これは何も，児童サービスに限ったことではなく，障害者サービス，絵画や写真の保存，ビ

ジネス情報の提供など，現場でのサービスに即した具体的な内容の講座が用意されています。

もちろん，こうした講座を受けた学生が，卒業後すぐに即戦力として図書館で勤務できるわけではなく，現場での試行錯誤を重ねて一人前の図書館員になるのでしょう。ただ，前もって知識を備えた上で試行錯誤するのと，まったく何も情報を持たないで試行錯誤するのとでは，その仕事の結果に大きな違いが出てくることは明らかでしょう。

シモンズ大学の図書館・情報学科は，児童図書館サービス関連の科目の充実度に関しては，アメリカでも屈指と言えます。同大学には，the Center for the Study of Children's Literature があり，児童文学の修士課程も提供されています。Simmons College の図書館・情報学科では，同大学の大学院にある児童文学科と共同して実施している Dual Degree Program があり，このプログラムを修了すると，児童図書館サービスの修士（Master of Science in Library Services for Children）と児童文学の修士（Master of Arts in Children's Literature）を同時に取得できます。

（参考 1）シモンズで実際に学んだ方の体験記録がありますので参照してください。特に松村さんの記事は，児童図書館関連の科目について詳しく描かれています。
・小原由美子「アメリカの大学院図書館情報学科に学んで」『図書館雑誌』92（7），1998，p.548-549
・松村麻里「シモンズ・カレッジ留学記」『こどもとしょかん』81，1999，p.9-15
（参考 2）次の論文も現在のアメリカの児童図書館員養成について参考になります。
・汐崎順子「米国における児童図書館員の養成とキャリアパス」『三田図書館・情報学会研究大会発表論文集　2007 年度』2007，p.61-64

Section 4：Education for Children's Librarian 2

私が留学を終えてから 9 年近くが経過していますので，現在の図書館員養成というわけではありませんが，イリノイ大学（アメリカ）それからマクギル大学（カナダ）での経験を簡単にお話します。

イリノイ大学アーバナ・シャンペーン校は，教授陣や講座の内容や過去の実績など，全米でも有数の図書館・情報学科のひとつです。私は，この大学に交換留学生という身分で在籍させていただき，その折，正規の学生の身分ではありませんでしたが，図書館・情報学科の授業を受けることができました。そのとき受けた授業のひとつが，ベッツイー・ハーン（Betsy Hearne）教授による Children's Literature（1997 Fall）という講義でした。

同大学には，the Center for Children's Books という児童文学の研究機関があり，このセンターが発行している新刊児童書の書評誌 The Bulletin of the Center for Children's Books は，Horn Book に次いで，その書評や評論の質に信頼をおかれている書評紙です。私が講義を受けたハーン先生は，同誌で中心的な存在として編集に関わっていらっしゃった方でした。

資料 8 にあるように，授業は，毎回 3 時間，4 か月間にわたって行われます。講義では，『Children & Books』（Zena Sutherland：Longman）をテキストに，絵本，詩，神話・昔話，ファンタジー，リアリズムなど児童文学のさまざまなテーマをカバーします。

講義の前には十分な予習が必要です。例えばファンタジーについての講義であれば，事前に

教科書の該当箇所を読むだけでなく，関連する研究書や主だったファンタジー作品を読んで授業にのぞまなくてはなりません。

　宿題として，評論を3回提出しなくてはなりません。評論では，絵本，フィクション，ノンフィクションの作品をひとつ取り上げ，作品を構成している要素（文章，プロット，絵や写真など），登場人物の描き方，テーマの取り扱い方などについて分析しなくてはなりません。

　またもうひとつ，自分の好きなテーマで論文を書くという，大きなプロジェクトがあります。これは個人でもチームでやっても構わず，先生と相談しながらテーマを決めて，最終の講義のときに提出します。

　私にとって，初めての留学でしたので，初めは先生や生徒が言っている言葉を正確に理解できませんでした。授業ではディスカッションをする時間が講義時間の半分を占めることもあり，クラスについていくのが精一杯でした。

　ハーン先生は，長年書評誌の編集に関わっていらっしゃることもあり，古典的な作品はもちろんのこと，新しい児童文学についても実に幅広い知識をお持ちで，どの回の講義でも，たくさんの本を持ってきては，そのひとつひとつを生徒に示しながら，丁寧に解説してくださいました。

　最後の授業のときに，先生が，おっしゃってくださった言葉が今も強く記憶に残っています。それは「将来，児童図書館員になるあなたたちに伝えたいことが3つあります。ひとつは，図書館員になった後も，いつまでも児童文学について深く学び続けてください。次に，子どもに関する研究――教育学や心理学など――関連することにもできるだけ興味を持って学んでください。最後に，子どもを愛し続けてください。」というもので，とてもわかりやすい言葉で，児童図書館員にとって一番大事なことを伝えてくださったことが，印象に残っています。

　この後，私は，カナダのマクギル大学の図書館・情報学科に正式に入学しました。マクギルは，イリノイとは違って規模が小さく，私が在籍した当時，教授と准教授合わせて7名でした。イリノイ大学の人数は正確に覚えていないのですが，現在，core faculty として31名もいるようですから，大きな差があります。

　マクギルとイリノイでは，その規模に差がありましたが，どちらも共通していることは，教室で学んでいる学生が，とても熱心で，個々さまざまな考え方の違いはありますが，誰もが図書館をよくしたいという点では同じで，将来，図書館で働くことに強い誇りを持っていたことです。留学して，最もよかったことのひとつは，自分と同じように図書館が好きで，図書館で働くために何かを学びたいと願っている学生たちと数多く出会えたことでした。

　以上，駆け足で，北米の児童図書館員養成について申し上げてきました。

　いつか，日本でもシモンズのように充実したカリキュラムの司書教育ができる大学ができればと願います。しかし，実現するにはいくつもの障壁があります。

　アメリカやカナダのように，司書が専門職として認められている社会であれば，高い学費を払って，2年近い時間を費やしてでも大学院で資格を取る価値があります。

　もちろん，アメリカやカナダでも，すべての図書館・情報学科の学生が希望通りの勤務先に就職できるわけではないですが，日本のように，司書資格を取得しても，まったく図書館に就

職できないほどの状況ではないでしょう。

　私がマクギル大学で学んでいたとき，ニューヨーク公共図書館の職員がリクルートのために，わざわざ学校に訪れたことがありました。こんなことは日本ではまったくありえないことです。

　インタビューを希望する学生は，当日までに申し込んでおいて，ひとりひとり学部長室で面談を行います。このインタビューは，予備面接のようなもので，やって来た職員がマクギルの卒業生であったこともあり，とてもカジュアルな形式での面談が行われていました。学生は気軽に，ニューヨークの職場環境や給料等の労働条件について質問し，職員からも学生に将来の配属希望等，さまざまな質問をして，その後うまくいけば，後日ニューヨークで本格的な面接があるとのことでした。何しろ世界的に有名な公共図書館ですから，いつの日か同館で働きたいと希望する学生も多く，インタビューの当日，学生たちがそわそわしていたのを覚えています。

　ちなみに学費について言えば，シモンズはとても学費が高く，1単位あたり1,069ドルかかります（平成22（2010）年7月4日時点）ので，36単位ですと38,484ドルが必要です。その他教科書代やさまざまな諸費用を入れると，日本円で400万円以上になります。

　おそらくアメリカならば，これほどの出費をしても児童図書館員として就職できれば十分に取り戻せることができるでしょう（冒頭で示した求人広告の給料を参照してください）。

　北米の図書館員養成を参考にするときには，このように図書館員の採用や待遇において大きな違いがあることには注意しなくてはならないでしょう。

　冒頭で申し上げたように，教育とは，社会がある特定の能力や知識を持った人材を求めるからこそ成り立つものです。もし社会がそうした人材を必要としなくなれば，教育も成り立たなくなりますし，わざわざその教育を受けようという意志をもった人もいなくなってしまうでしょう。

　司書職制度をいかに確立することができるかは，この発表の趣旨から外れてしまいますので，これ以上は申し上げられませんが，図書館員の教育と司書職制度というものは，とても密接な関係にあります。

　今回の発表が少しでも，将来の日本でのカリキュラム作成に役立てばと願います。

（参考）

　1980年代から1990年代にかけて，アメリカで図書館・情報学科の閉鎖が多く見られました。さらに，情報環境の急速な進歩を受け，北米の図書館・情報学科もさまざまな変化を遂げています。こうした変化については，下記の文献を参照してください。

・中島幸子「情報専門職養成に向けた図書館情報学教育の課題：米国図書館学部閉鎖から学ぶもの」『同志社大学図書館学年報』33別冊，2007，p.21-38
・中島幸子「図書館情報学教育における情報専門職養成をめざしたカリキュラム改革：日米の取り組みについての一考察」『帝塚山大学人文科学部紀要』21，2007，p.15-30

5 東京子ども図書館における人材育成の試み

張替惠子(財団法人東京子ども図書館)

　みなさんのお話をうかがい，私も自己紹介させていただこうと思いました。私は1978年に東京都日野市に就職し，2年間秘書課に勤務したのち念願の図書館に移ることができ，それから13年間，児童サービスに携わりました。日野市で中央館に次いで大きい高幡分館には，「子どもの本を読む会」という市民の勉強グループがあり，私も職員として参加する機会を得ました。望月さんも，お隣の八王子市から越境してメンバーに加わっていらっしゃいました。先ほどの箕浦さんのお話のように，参加職員は新刊児童書を紹介するお役目があり，新米図書館員としてはなかなか大変でしたが，頑張って本を読みました。このことを含め，利用者に育てていただいたことを感謝しています。その後，東京子ども図書館に移って16年になります。また，ここ10年ほどは，大学の司書課程で児童サービスを非常勤講師として担当しており，限られた時間で必要最低限のことを教えることに苦慮しています。

　さて，ここにいらっしゃる方はよくご存じかと思いますが，東京子ども図書館は，1950年から60年代にかけて都内4か所で始まった家庭文庫が，母体となって生まれた私立の図書館です。1974年に東京都教育委員会より公益法人の認可を得て発足。以来35年にわたり，子どもたちへの直接サービス，資料室の公開，講演・講座の開催，機関誌の発行，ブックリストやお話関連の出版など，子どもと本に関わる大人の方たちのために，さまざまな活動を行ってきました。

　なかでも，図書館で働いている人や，子どもの読書に関わるボランティアなどを対象とした講習会や講座に力を注いできました。また2002年には，若い世代を対象とした研修生制度も発足しました。これらの人材育成事業は，大学課程における資格取得のための「養成」，あるいは現場職員の職能向上のための「研修」というように，対象や目的によって，はっきりくくられているわけではありません。また，当初からカリキュラム全体を見渡し，体系的に組み立てられたものでもありません。そのときそのときの状況に応じて，必要と思われるもの，提供できるものを手探りで行ってきたといえます。本日のテーマである大学課程での養成とは必ずしも一致しないかもしれませんが，その実践のあらましをご紹介します。

●お話の講習会

　講演・講座の古株は，1974年の財団設立と同時に始まった「お話の講習会」です。私たちは，お話を語って聞かせること，つまり耳から入る声で物語を楽しんでもらうことが，子どもたちを本の世界に誘う有効な手立てであると考え，児童図書館サービスの柱になることを願い，お話の普及に力を入れてきました。初めのころは，語るどころか，お話を聞いたことのある大人もほとんどいなかったそうですが，この30年余り，お話はめざましい勢いで広まり，図書館でのお話会の開催やお話の部屋の設置は珍しくなくなりました。しかし，語り手養成の機会は決して十分とはいえません。

　当館のお話の講習会の中心は，月1回・2年間にわたり，お話の基礎をじっくり学ぶ初心者

向けのコースです。講師は当館の役員や職員が務めています。受講者は，北海道から沖縄まで全国から集う，公共図書館員，学校図書館員，教師，保育者，ボランティア，学生などで，毎年定員を2～3倍上回る応募者のなかから，地域，年齢，職業などを考慮して20数名を選考します。主なカリキュラムは，2年間に5つのお話をみんなの前で語り，クラスメートのお話をたっぷり聴き，それについて講師の講評を受け，みんなで話し合う実習です。また，自分の活動場所以外の語りの現場を訪ねたり，昔話についての研究書を読んでレポートを書いたりする課題もあります。この内容は30年かけて試行錯誤を繰り返し，ほぼ安定した形に落ち着いたものです。

　こうして，じっくりとお話に向き合う講習を終えた受講生は，それぞれの地域で子どもたちにお話を届けています。これまでに巣立っていった受講生は，約800名。初期の修了生は，お話歴20年，30年のベテランの語り手として，全国各地で後継者を育て，お話の種まきをしていらっしゃいます。さらに，2年間の講習には参加しづらい方たちのための1泊2日のコース，経験を積んだ語り手対象のリフレッシュコースなど，参加者の都合や経験に応じた短期講習会もさまざまに試みています。

● 子どもの図書館講座

　当館が財団としてスタートを切ったのは，小さな貸しビルの一室からでしたが，1997年に自分たちの建物をもつことができ，少し広い集会スペースが得られたのを機に，お話以外の，児童図書館サービスについて多角的に考えていこうと，連続講座「子どもの図書館講座」を発足させました。

　これは，1期ごとにテーマを定め，演習に近い形で学び合っていこうという試みです。ただ講義を聞くのではなく，参加者が各自の体験をふまえて主体的に考え，討論することが求められます。あらかじめ文献を読み，自分の考えをまとめるなどの課題も出されます。

　初めのころは，できるだけ現職の児童図書館員に参加してほしいと思い，月1回，月曜日の午後をあてましたが，公共図書館の勤務形態が変化したことや，学校図書館員，ボランティアの参加が多いことなどを考慮し，現在は土曜日の午後を中心に開催しています。

　いままでに取り上げたテーマは次のとおりです。

第1期　　子どものための図書館の使命と役割を考える　1998.9～1999.3
第2期　　本が図書館に届くまで（出版と流通）　1999.4～10
第3期　　児童室の選書と蔵書構成　1999.11～2000.7
第4期　　絵本—グループで読み聞かせるために　2000.10～2001.7
第5期　　識字について考える　2001.9～12
第6期　　わらべうた—心地よいことばとの出会い　2002.9～2003.9
第7期　　幼い人のことばを紡ぐ—わらべうた　2003.6～7
第8期　　イギリス児童文学作品を通して子どもの本を考える　2003.9～2004.3
第9期　　次世代の児童図書館員のために　2004.5～2005.3

第 10 期	児童図書館員として読むべき基本図書のリストをつくる　2005.4〜11
第 11 期	学校図書館の現場から　2006.5〜11
第 12 期	読み聞かせ―あなたは何を読んでいますか？　2007.7〜10
第 13 期	ブックトークこの一冊から―あなたはどう紹介しますか？　2008.9〜2009.3
第 14 期	蔵書を活かすブックトーク　2009.10〜

　第1期は「子どものための図書館の使命と役割」をテーマに，児童奉仕の歴史を辿り，望ましい児童図書館員像やその仕事の意義を探りました。第2期は，「本が図書館に届くまで」という題で，出版と流通についての基礎知識を得るため，編集や取次に関わる方たちを講師にお招きしました。「読み聞かせ」を取り上げた2000年の第4期では，ボランティアの広まりを反映し，募集人数25名に対し5倍もの応募があり，急遽4コースに増設し，約1年間にわたって，読み聞かせに向く絵本の要件や，読む際の留意点，プログラムの組み方などを追求しました。

　また，図書館利用の低年齢化に対応するため，ことばの土台を培う「わらべうた」の実践を呼び掛けた第6期も参加希望が多く，次の第7期も同じテーマで行いました。その後もわらべうたの講習への要望がしばしば寄せられたため，結局，子どもの図書館講座から独立した「わらべうた連続講座」が新設されました。

　2008年の第13期ではブックトークを取り上げましたが，応募者が多く，ブックトークへの関心の高まりを実感しました。ブックトークは，蔵書の中から普段あまり手に取られない本を取り出して光を当てるという，図書館員ならではの醍醐味を感じる仕事ですが，お話以上に学ぶ機会が限られています。講座を受けて，やっとその意義と目指すべき方向が分かった，との感想をいただきました。引き続き，ご要望にこたえるため，2009年度も同じテーマで開催中です。

●その他の講演・講座

　以上が現在継続中の講習会や連続講座のあらましですが，過去に遡り，この35年間に開催した講演会や講座は，相当数にのぼります。1974年，石井桃子さんの「幼児とお話」にはじまり，渡辺茂男さんの「子どもの本の国際交流」，イギリスのアイリーン・コルウェルさんをお招きしての「児童図書館員のためのセミナー」，心理学者ブルーノ・ベッテルハイムさんによる「子どもにとって昔話はなぜたいせつか」，マーシャ・ブラウンさんによる「私の絵本作り」など，講師陣，内容ともに充実したものです。実践的な連続講座では，「選書に役立つ書評講座」や「語るためのテキストをととのえる」などがありました。一覧はホームページにありますので，ご参照ください。

　このほか全国各地からのご要望に応じて，児童書の選び方，絵本の読み聞かせ，お話，ブックトークなどの講師として，役員や職員を年間50〜60回ほど派遣しています。当館は設立以来，公的な財政援助は一切受けず，支援者からのご寄付や出版物の売上などを活動資金にしてきましたが，これらの講演・講座でいただく受講料や講師謝礼は，当館の活動を支える大切な収益の一部になっています。

●研修生制度

　つぎは，2002年に始まった研修生制度についてです。この制度は，この分野で働きたいと希望する，原則25歳以下の若い人1～2名に，1年間当館で働く体験を通して，児童図書館の基礎的な理念，知識，技能などを身につけてもらうインターンシップ……というより徒弟制度と言ったほうがしっくりいくかもしれません。研修に専念できるよう，有志の寄付により，年額150万円の奨学助成金が支給されます。

　研修生は，週35時間の勤務に就きながら，児童室や文庫の運営に関わるだけでなく，選書会議や館内外での講習・講演会にも参加，機関誌に掲載する記事の執筆，発送作業にも関わります。研修の内容は，研修生本人の興味や希望によって，毎年多少組み替えられますが，基本的には5月から7月までは，児童奉仕の歴史や理念を中心に学び，8月は館外の見学に，9月から12月までは，基本的な本を読むこと，1月から3月までは，児童奉仕の実際や，図書館の周辺事情を学ぶことにあてられます。講師は主に当館の役員と職員が務めていますが，外部のベテランにお願いすることもあります。

　また，松岡享子理事長をはじめ関連分野の方たちに，これまでの道程をお話いただく「先輩に聞く」というプログラムも数回用意されます。それぞれの方から，実際の経験や，仕事をするうえでの考え方，それを生み出し，支えたものについて直にうかがうことは，若い人たちにとって心に響く貴重な体験になっているようです。

　この研修の一部は，より広い方たちに参加してもらえるよう，日程調整し，「東京子ども図書館研修プログラム――児童図書館員をめざす若い人のために」として受講生を募集しており，10名から20名が共に学ぶ機会を得ています。これは，今年の研修プログラムの日程表です。

```
6月13日（土）　13：30～15：30　次世代の児童図書館員のために（1）
　　　　　　　　16：00～18：00　次世代の児童図書館員のために（2）
7月11日（土）　13：30～15：30　選書・蔵書構成
　　　　　　　　16：00～18：00　児童サービスを学ぶために
8月 8日（土）　13：30～15：30　アメリカの児童図書館の先達
　　　　　　　　16：00～18：00　日本児童図書館の黎明期
8月29日（土）　13：30～15：30　フロアワーク
　　　　　　　　16：00～18：00　読書キャンペーン
　　　　　　　　　　　　　　　　ブックトーク実演
9月19日（土）　13：30～15：30　基本的な本を読む（1）絵本
　　　　　　　　16：00～18：00　絵本の読み聞かせ実習
10月17日（土）　13：30～15：30　基本的な本を読む（2）フィクション（幼年）
　　　　　　　　16：00～18：00　基本的な本を読む（3）フィクション（中・高学年）
11月28日（土）　13：30～15：30　基本的な本を読む（4）ノンフィクション
　　　　　　　　16：00～18：00　基本的な本を読む（5）伝記
```

```
1月23日（土）  13：30～15：30   ブックトークの実習
               16：00～18：00   お話の実習
2月20日（土）  13：30～15：30   補講
               16：00～18：00   まとめ
```

　これに加え，研修プログラム受講生には，「先輩に聞く」や，わらべうたの会，その他の催しものへの参加招待をしています。

　通年の研修生2名は，このプログラムをこなしつつ，児童室や文庫が開いている時間は，原則として子どもへのサービスにつき，絵本を読んだり，お話を語ったり，利用者登録の手続きをしたりします。展示物や配布物の作成，催しものの企画・実行など，運営のあらゆる局面に職員とともに携わります。

　さらに，徹底的に本を読むことを求められます。児童室の選書のための新刊書，基本蔵書目録編纂のための既存の蔵書，原典講読のための英語文献など，通勤時間や週末の大半も読書に費やされるでしょう。ある研修生の読書記録によると，児童室で子どもに読んだもの以外に，1年間に350冊ほど読んだそうです。

　また，読んだ本について内容の要約や感想を述べたり，解題や書評を書いたりする訓練にもかなりの時間を割きます。講習会のほか月例の大人向きのお話会にもすべて参加するため，ざっと見積もっても350話以上のお話を聞くことになります。

　こうして，児童図書館員の専門性として求められる，子どもと本についての知識，そしてその両者を結ぶ技能をひととおり学ぶことになります。みっちり詰まった研修期間を終える頃には，意欲と可能性に満ちた新米児童図書館員へと，めざましい成長を見せてくれます。

●課題と展望

　ただ残念なことに，今まで送り出した11名の研修生中，公共図書館や学校図書館の正規職員になれたのは少数で，大半が非常勤や，指定管理会社の嘱託職員等，不安定な雇用条件，低賃金に甘んじています。修了後いくつかの職場を転々とした者もいます。この分野で働きたいと望む有能な若者が大勢いるにもかかわらず，こうした人材を継続的に生かす安定した職場があまりにも少ないということを痛感せざるをえません。

　また，得られた職場で，研修成果を生かし日常業務を積み重ねることで，さらなる成長が遂げられるような環境が整えられることを願います。各地に出かけて講師を務めておりますと，民間の活動グループが広域に連携を強め，研修の機会を共有しながら力を蓄えている様子が見受けられ，心強く思う一方，公立図書館では，職員が頻繁に入れ替わるため，初歩的な研修を繰り返すことに終始しているケースにしばしば遭遇し，複雑な思いにかられます。

　その端的な例が，国立国会図書館国際子ども図書館です。2000年の開館以来，当館のお話の講習会には，特別に配慮して（つまり他の受講希望者より優先して）国際子ども図書館職員を受講生として受け入れてきました。修了生は今までに7名。しかし，その後，大多数が他の部署へ配転となり，児童サービスに関わっていません。職員のみなさんは使命感もあり，有能な

方たちだけに，このような非効率的なシステムがいつまで続くのか，一納税者としても納得がいきません。

　当館がさまざまな講座を通し人材育成を続けてこられたのは，理事長の一貫したリーダーシップはいうまでもないことですが，スタッフの陣容に負うところもあると思われます。講師を務める役員や職員の誰もが松岡理事長のように，大学の図書館学科で司書資格を取得し，留学やインターンシップを経験しているわけではありません。しかし前の職場である公共図書館や当館の児童室で20年から30年以上の実践を積むなかで，子どもや子どもの本についての知見を深め，その二者をつなぐ技を磨いてきました。勤務時間枠を度外視した職員研修や研究，類縁機関との交流も重ねてきました。この積み重ねが，新しい講座のための企画力や講師の人選などに生かされています。

　公共機関でも仕事の継承が可能な職員体制をとれば，外の機関や講師に頼らなくとも，日常レベルでの養成・研修ができるはずです。実際に，児童サービスを重視し，職員体制に配慮してきたいくつかの先進的な公立図書館では，その成果がうかがえます。

　このように児童図書館員の養成は，現場での継続的な実践や研修と連動してはじめて，実効性のあるものとなります。ですから，養成と雇用体制の問題は表裏一体のものとして取り組むべきだと思います。

　この半世紀，私たち図書館員は，ただ誠実に仕事をすれば，いつかは社会が認め，制度が整うという見通しは甘かった，という挫折を味わいました。一方，法改正で制度が変われば，まがりなりにも養成はついてくる，ということも知りました。「官製ワーキングプア」という言葉が使われるなど，公務職場での労働条件悪化は図書館に限りませんが，政治は流動する潮目の只中です。「こども夢基金」は先行き不透明ですが，読書推進や活字文化振興，国民読書年と国レベルの動きは今しばらく続きそうです。このときを好機ととらえ，児童図書館員の存在意義をアピールする戦術（たとえば，雇用の実態調査，立法を視野に入れた政治家への働きかけ，一般への効果的な広報など）を練り直せないものでしょうか。半世紀前と圧倒的に違うのは，同じ関心を持つボランティアの方たちの層の厚さです。事業仕分けに倣い，明確な方向性を打ち出せば，強い味方が後押ししてくれるはずです。

　話が大きくなりましたので，小さな当館の人材育成に話題を戻します。どんなに頑張っても，スタッフ20名足らずの小規模図書館で育てられる人の数は限られています。また，お話の講習会などに比べ研修プログラムは年数が浅く，まだまだ試行錯誤が続くように思われます。しかし，ある程度落ち着いて形が整った暁には，その成果を出版物で伝えるだけでなく，視聴覚教材や通信教育などの形で，広めていくことも可能かもしれません。また，当館での受講や実習が，大学や大学院での単位として認定されるよう働きかける方策も考えられます。そういった新たな発信の可能性を探りつつ，次世代に仕事を引き継ぐ試みを私たちなりに続けていきたいと考えています。そして，いかなる形であれ，小さな民間機関の試みが，公の安定した組織のもとで，より広く生かされることを願っています。

セミナー　当日配付　参考文献一覧

1) 井上靖代「『児童サービス論』での司書養成に関する調査報告」『図書館界』53（2），2001，p.118-125
2) 中西美季「児童・YA 図書館員養成試案－アメリカの児童・YA 図書館員養成を例にとって」『図書館界』54（2），2002，p.104-109
3) 汐﨑順子「米国における児童図書館員の養成とキャリアパス」『三田図書館・情報学会研究大会発表論文集 2007 年度』2007，p.61-64
4) 塚原博「児童図書館学教育の型についての研究」『実践女子大学文学部紀要』49, 2007, p.73-81
5) 荒井督子「宝の棚を子どもの手に－児童奉仕と児童資料について学べる司書養成課程を望む」『図書館雑誌』86（3），1992，p.169-170
6) アメリカ図書館協会（ALA）・児童図書館サービス部会，竹内悊訳「公共図書館・児童サービス担当図書館員の専門能力について〈改訂版〉」『現代の図書館』40（2），2002，p.112-118
7) 箕浦亜子「我が家の『ブックスタート』体験－お気に入りの一冊」『子どもと読書』2009 年 11・12 月号，p.32-33　親子読書地域文庫全国連絡会

<資料1>

2008 日図協第 132 号
2008 年 6 月 13 日

文部科学大臣
渡海紀三朗　様

社団法人　日本図書館協会

理事長　塩　見　昇

図書館法改正に基づく司書養成の省令科目について

　図書館法の改正により図書館法施行規則（以下，省令）の司書養成科目が司書講習を想定したものから大学における科目に関するものへと変更されます。司書の置かれている現状，図書館に対する社会的な期待を踏まえた適切な内容（科目，単位等）となることが期待されます。日本図書館協会は図書館学教育の関係者が中心となって検討しておりますが，その内容をもとに以下の提起をいたします。

記

1　司書養成科目がこれまでの講習を中心としたものから，大学における課程の履修を重点に置いたものに変わることは，司書養成が基本的に大学教育において行うものとなることであり，評価できます。
2　大学における科目として省令で定める内容については，次の点を踏まえて策定されるべきものと考えます。
(1)　司書資格修得のための基本科目としてふさわしく充実した内容・単位とすること。
(2)　選択科目を廃し，原則としてすべてを必須科目とすること（但し，後述する図書館特論は別扱いとする）。
(3)　現行の 1 単位を最小単位とする構成は維持し，1 単位科目を 2 単位に展開するか否かは，各大学における実施に際しての判断に委ねること。これによって急激な単位増となることを避ける。
(4)　総単位数は，当協会が従前（1996 年改正時）から提起してきた 24 単位程度を大枠とし，最大 26 単位以内に収めること。
(5)　科目群を定める際，その各群において重点的強化を図ること。また，司書課程の運営に急激な負担の増加をもたらさないこと。
3　科目の内容，単位
　　この提起では，現行の省令科目（司書講習用）をベースに，それを 3 つの科目群に整理し，さらにそのなかの重点強化を図るものを挙げ，充実した新たな科目構成となるよう図った。科目名称については，その内容にふさわしいものを設定する。

(1) 基礎科目関係

現行4単位（生涯学習概論1単位，図書館概論2単位，図書館経営論1単位）を6単位とする。

重点：情報関係，図書館経営関係の強化
- 図書館経営論：現行1単位を，法制度関係を補強して2単位とする。
- 情報関係の概説（新設）：「図書館情報学」のうち「情報」に関する部分（情報基礎，情報システム，ネットワーク，情報機器など）を独立させ1単位とする。

(2) 図書館サービス関係

現行7単位（図書館サービス論2単位，情報サービス概説2単位，レファレンスサービス演習1単位，情報検索演習1単位，児童サービス論1単位）を10単位にする。

重点：図書館サービス，児童サービスの強化
- 児童サービス論：現行1単位を2単位とする。
- 図書館サービス及び児童サービスに関する演習（新設）：2単位

(3) 資料関係

現行7単位（図書館資料論2単位，資料組織概説2単位，資料組織演習2単位，専門資料論1単位）を8単位とする。

重点：資料組織演習の現代的展開
- 資料組織演習：現行2単位を3単位とする（書誌ユーティリティの利用などを含む）。

以上　計　24単位

(4) 特設科目（オプション）：図書館特論2単位相当

以上の科目のほか，特設科目として「図書館特論」2単位を設定する。

これは司書資格修得に必要な必須科目とはせず，自由開講科目とし，上記全体を補うものとする。これを加えると26単位となる。

24単位を超えることは，短期大学における司書課程の運営に負担を与えると解し，オプション科目とすることを提案する。

4　実施に際しての留意点

(1) 「図書館特論」はオプション科目とし，各大学において特色のある司書養成を工夫することなど，必要と認めた場合に，科目として採用することができるものとする。
(2) 現行省令科目との読み替えに留意すること。
(3) 司書課程専任教員を二人以上とする従来の指導を継続されること。
(4) 省令の改正に際しては，関係資料，情報の開示，一般に対する公開の検討機会を十分に用意し，関係者の意見，希望を十分に聴取されること。

5　司書講習科目との関係

司書講習科目は，「大学における図書館に関する科目」に準拠し，それを下回らないものとすることで，司書資格取得の最低要件に差異を生じないようにすること。

以上

<資料 2>

2009 年 1 月 26 日

「司書資格取得のために大学において履修すべき図書館に関する
科目の在り方について」(報告・案) に対する意見

社団法人日本図書館協会

標記報告案について，以下のとおり意見を述べます。十分な検討を求めます。
　報告案は，かねてから当協会が考えてきた内容と大きな違いはなく，おおむね理解しやすい内容になっております。
　その上で，報告案の柱の順に沿っていくつかのことを指摘します。

1　Ⅱ　図書館に関する科目の基本的な考え方　2　図書館に関する科目を定める必要性　4 項目目
　「「図書館に関する科目」の明確化についての強い要望が出されていた」ことの背景に，"社会教育主事，学芸員の場合と整合性を欠いている点がこれまでから指摘されてきた"ことを加える。
2　さらに，法が定める資格の取得に必要な科目であるので，法令に根拠を持つ科目が示される必要性は認められるが，それは資格取得に必要な最低限の内容を担保するものであり，大学において開講する科目としてはそれを最低限のベースとし，その上に多様で創造的なカリキュラムが各大学において構築されるべきである，という趣旨の文章を一項目補記することが必要である。
3　Ⅱ　3　図書館に関する科目内容の基本的な考え方　(1)　科目の位置付けについて　6 項目目
　「資格取得者が……良き利用者と……，また，図書館のボランティアや図書館活動の支援者となることも期待される……」の項は，図書館学教育の意義づけとしてはあり得ることであるが，司書養成教育の意義づけとしては蛇足であり，削除したほうがよい。
4　Ⅱ　3　(3)　科目の設定と体系について
　必修科目と選択科目による構成とその区分についてはおおむね妥当である。
　4 項目目　②
　図書館サービスに関する科目は，基本としての「図書館サービス概論」，各論的に「情報サービス論」「情報サービス演習」，および「児童サービス論」と展開している。両者の対応する意味づけが分かりにくいし，構造的にバランスを欠く。
　また，児童サービスを重視し 2 単位としたことに見合った他のサービス論の充実が必要である。「図書館サービス概論」の説明に挙げられている障害者サービスなど特定層を対象としたサービス論の充実の方向を示すべきである。
5　Ⅱ　3　(3)　4 項目目　②
　「情報サービス」は図書館が行う情報提供という機能の総括的な表現であり，図書館のある特定の業務，活動をさす言葉としてはあいまいである。業務・活動としては「レファレンスサービス」が妥当である。科目の名称としては慎重にすべきである。
6　Ⅱ　3　(3)　科目の設定と体系について　4 項目目　③
　「図書館資料」に情報資源を加えて「図書館情報資源」と表現する案であるが，あえて「資料」を変える根拠は乏しい。「資料」でも十分に各種媒体を包含できるので，慣用されている表現を変える必要はない。
7　Ⅱ　3　(4)　選択科目

選択科目を「図書・図書館史」「図書館施設論」と科目区分ごとの特論でまとめたのは妥当である。この科目は各大学がそれぞれの特色，工夫を発揮できる内容として自由に活用できることが望ましいので，前の2科目は別だが，特論については授業内容の説明（注文）はつけない方がよい。

8　Ⅱ　3　(5)　実習について

　　「実習生の受け入れにふさわしい機能や体制が整備されていて，実際に受け入れ可能な公立図書館が十分あるとは言えないため」は削除する。さして根拠もなく，印象による断定は現場の共感を得られない。相当数の実習生を一定期間受け入れ，それにふさわしい体験をさせる実習の困難さを，主として現場の体制にあるとする表現はよくない。

　　養成教育における実習の意義は大きいので，一律に受講生全員に求めるのではなく，実質的な体験，学習が成り立つ方法を探るという表現でまとめるのがよい。

9　Ⅱ　3　(6)　基礎的な知識や主題専門領域の学習について

　　はじめの2項目，特に2番目など，当たり前すぎて書くほどのことではない印象がある。

10　Ⅱ　3　(7)　単位数，授業時間数について

　　総単位数24は，短大での教育を考慮すれば，おそらくぎりぎりの妥当な線であろう。必要最小限だという理解のうえで，これを是としたい。

　　資格科目を卒業単位として認めることは，専門科目と位置づけて開講している大学では今でも当然そうなっている。しかし司書課程（資格科目）という位置づけの場合には論議の余地もあり，そうなっていないことも多い。3項目の記述は，「図書館に関する科目の一部を」としたほうが理解を得やすい。

11　Ⅲ　図書館に関する科目の各科目の考え方

　　科目の名称については，一部既述した。名称はいろいろな考えがあり，絶対にこれでなければ，ともなりがたい問題である。その意味では，特段の根拠がなければ，慣用されている表現をあまり変えないほうがよい。

12　Ⅳ　司書の養成に関するその他の事項　1　司書講習について

　　図書館に関する科目を，「専門職員として図書館サービス等を行うための基礎的な知識・技術」であり，専門的知識・技術への入り口として位置づけることからすれば，法に基づく司書の資格に必要な最小限の内容として，本科目を捉えるべきであり，講習の場合についても，少なくともこのレベルの内容を課すことは欠かせない。よって，大学における図書館に関する科目と同等のものに改める報告案の考え方は妥当である。

13　Ⅳ　5　今後の司書養成の更なる充実に向けて　2項目目

　　「図書館に関する領域を専門とする専任教員を十分に確保する」が指摘されていることは重要である。その人数について文部科学省は，従来から折りあるごとに「専任2名以上」を示してきた経緯もあり，科目を省令化したこの機会にそれを緩和するような表現はとるべきでない。「少なくとも図書館に関する領域を専門とする複数の専任教員を確保する」と書き込む。

14　Ⅳ　5　4項目目

　　「大学評価の一環として，・・・外部評価が望ましい」と提起している。この内容は，大学評価総体の中で司書養成教育についても行う，といっているのか，司書養成教育を別に取り出して行う，といっているのか分かりにくい。養成教育を特に取り出して別に評価することの意味はあるが，その場合の実施責任・所管は高等教育局ではなく，生涯学習政策局になろうかと思われる。実施主体の問題を含めて，どのような展望を持っての提起か，説明が必要である。

以上

<資料3>

図書館法施行規則の一部を改正する省令案への意見

日本図書館協会児童青少年委員会

　必修科目「児童サービス論」2単位と共に必修科目「児童資料論」(または「児童サービス演習」)2単位を設けてください。総単位数を増やせない場合は,国際標準に近づけて必修科目「児童サービス論」2単位と選択科目として「児童サービス特論」1単位を設けてください。

　理由1:「児童サービス論」を2単位とすることは,20年前に言われ(『現代の図書館』Vol. 26, No.2, 1988, p.76.),多くの大学で2単位科目としており賛同しますが,本来,児童図書館学科目として(1)原理,(2)児童資料及び利用論,(3)児童図書館活動論,(4)児童図書館運営論等,最低でも4科目を学ぶ必要があります。「児童サービス論」を資料論とサービス論に分けることや,サービス論の特論を設けることが提案されています(『図書館界』Vol.54, No.2, 2002, p.107.)。現在,科目構成上や現実的な必要性から「児童サービス論」と「児童資料論」を設けたり,「資料特論」を児童資料論として設けている大学があります。児童資料を知らなければ子どもにサービスが行えないからです。子どもの読書推進法の制定以来,現場では児童担当の力量が非常に求められており,少なくとも養成・教育段階で「児童サービス論」と「児童資料論」(あるいは「児童サービス演習」)の2科目は最低学ぶ必要があります。

　理由2:今回の案では,多くの必修科目でその選択科目として特論1単位,演習科目2単位が設けられています。現場の図書館員からはレファレンスサービスと児童サービスが最も必要な科目とされています。今回総単位数を増やせない場合には,1986年国際図書館連盟児童分科会の勧告に基づき,(1)全学生必修の一般レベルで児童図書館について24単位×1/70＝0.34単位相当を図書館サービス概論や図書館情報資源概論,図書館制度・経営論,情報資源組織論の中で扱い,(2)公共図書館志望学生必修の中級レベルでは,24単位×6/70＝2.06単位相当を児童サービス論2単位として扱い,(3)児童図書館専攻学生選択の専門レベルでは(日本では皆児童サービスを行うので必修科目が妥当ですが),24単位×3/70＝1.03単位相当を選択科目「児童サービス特論」1単位として扱えます。24単位の内3.43単位を児童図書館科目に当てることが相応しいと考えております。

<資料4>

「図書館に関する科目」新旧比較表

<現行科目>

	No.	科目名	単位数
必修科目	1	生涯学習概論	1単位
	2	図書館概論	2単位
	3	図書館経営論	1単位
	4	図書館サービス論	2単位
	5	情報サービス概説	2単位
	6	児童サービス論	1単位
	7	レファレンスサービス演習	1単位
	8	情報検索演習	1単位
	9	図書館資料論	2単位
	10	専門資料論	1単位
	11	資料組織概説	2単位
	12	資料組織演習	2単位
選択科目	13	図書及び図書館史	1単位
		資料特論	1単位
		コミュニケーション論	1単位
	14	情報機器論	1単位
		図書館特論	1単位

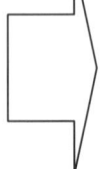

(14科目 20単位)

講義　11科目　16単位　　240時間
演習　 3科目　 4単位　 60～120時間
　　　　　　　　　　　　300～360時間

<改正科目>

	No.	区分	科目名	単位数
必修科目	1	基礎科目	生涯学習概論	2単位
	2		図書館概論	2単位
	3		図書館情報技術論	2単位
	4		図書館制度・経営論	2単位
	5	図書館サービスに関する科目	図書館サービス概論	2単位
	6		情報サービス論	2単位
	7		児童サービス論	2単位
	8		情報サービス演習	2単位
	9	図書館情報資源に関する科目	図書館情報資源概論	2単位
	10		情報資源組織論	2単位
	11		情報資源組織演習	2単位
選択科目	12	(2科目選択)	図書館基礎特論	1単位
			図書館サービス特論	1単位
			図書館情報資源特論	1単位
	13		図書・図書館史	1単位
			図書館施設論	1単位
			図書館総合演習	1単位
			図書館実習	1単位

(13科目 24単位)

講義　　11～9科目　20～18単位　300～270時間
演習・実習　2～4科目　4～6単位　 60～195時間
　　　　　　　　　　　　　　　　　360～465時間

※　講義：1単位15時間，演習：1単位15～30時間，実習：1単位30～45時間とする。

<資料5>

「児童サービス論」講義内容

辰巳　義幸

1. 児童サービスの意義
   (1) 児童サービスと図書館職員
   (2) 児童図書館員の役割
   (3) 児童図書館員の要件
   (4) 児童図書館員の仕事
   (5) 児童サービスの歴史と現状
2. 児童サービスの企画と運営
   (1) 児童サービス計画の基本　(2) 計画の実際
   (3) 運営の実際　(4) 評価の方法
3. 児童の意味と発達段階
   (1) 児童ということば
   (2) 児童観の変遷
   (3) 発達段階と読書興味
4. 児童図書館の資料の種類と特性
   (1) 一般図書：ア．童話　イ．少年少女小説　ウ．童謡　エ．少年少女詩　オ．伝承文学（神話・伝説・民話）　カ．再話　キ．伝記　ク．科学読み物　ケ．実用書　コ．絵本
   (2) 参考図書：ア．事典　イ．辞典　ウ．図鑑　エ．その他のR．B．
   (3) 成人用図書と事務用図書
   (4) 視聴覚資料：ア．紙芝居　イ．ビデオソフト　ウ．カセットテープ　エ．その他
   (5) 児童図書の分類
5. 児童図書の選択
   (1) 図書選択の意義と責任
   (2) 図書選択の3要素
   (3) 選択方針の確立
   (4) 選択基準：ア．StandardとCriteria　イ．一般的な基準　ウ．各図書の基準
   (5) 評価のための技術：ア．直接的評価法　イ．間接的評価法　ウ．Toolsの作成
   (6) 選択のための資料
   (7) 児童図書賞など
6. 児童図書館における読書指導（読書への導入と展開）
   (1) 意義
   (2) フロア・ワーク　(3) ストーリー・テリング　(4) ブック・トーク
   (5) ブック・リスト　(6) 展示　(7) レファレンス・ワーク　(8) PR（広報活動）
   (9) 図書館利用指導　(10) 成人に対するサービス
7. 学校・地域などの連携・協力
   (1) 学校図書館　(2) 子ども文庫　(3) その他の施設・団体

<資料6>

「児童サービス論」講義内容

中多　泰子

第1章　子どもの読書と児童図書館
　　1　読書とは何か
　　2　子どもと読書
　　3　児童図書館の意義

第2章　児童資料
　　1　児童資料の種類と特性
　　2　児童資料の選択と組織化

第3章　児童図書館サービス
　　1　児童サービスの意義および児童図書館員の専門性
　　2　児童室の企画，立案，運営，年間計画，施設・設備
　　3　読書への導入と展開
　　　　　　フロアワーク，貸出，レファレンス，読み聞かせ，おはなし，本の紹介，
　　　　　　おはなし会の実際，学校対象のおはなし会のもち方，読書会，子ども会，広報活動
　　4　児童資料研究者に対するサービス

第4章　ヤングアダルト・サービス
　　1　ヤングアダルト・サービスの意義
　　2　ヤングアダルト・サービスのためのガイドライン
　　3　サービスの実際

第5章　子どものいる施設等との連携・協力
　　1　学校との連携・協力
　　2　保育園・幼稚園との連携・協力
　　3　保健所との連携・協力
　　4　病院との連携・協力
　　5　文庫との連携・協力
　　6　学童保育との連携・協力

<資料7>

「児童サービス論」

塚原　博

講義の概略

　児童図書館サービスは，すべての図書館サービスの基礎になるものであり，公共図書館における最も重要なサービスの一つと捉えられている。子どもに対しての読書興味の喚起や図書館利用の促進のために，また，充実した児童サービスや活勤の実施のために，児童司書をはじめとする司書は，児童図書館の理念，児童図書館のサービスや活動の基礎となる児童図書資料，児童と資料を結び付けるための児童図書館サービスと児童図書館活動，全体の流れを見通し，サービスの発展を図るための児童図書館の運営などについての基礎的，基本的知識や能力を求められている。そこで，児童図書館の意義，歴史的背景，児童図書館員の専門職としての役割，児童図書資料の蔵書構成・選択，児童図書資料の特性，児童図書館サービスの内容，プログラムの核となるストーリーテリングや科学あそび，特別な要求を持つ子どもたちへのサービス，児童図書館の原点といわれる子ども文庫や，児童図書館の運営について考察する。独自のサービスとして位置付けられるヤングアダルトサービスについても触れる。

　これらを，課題文献の読破と講義の聴講，映画やビデオの視聴，ゲストの講演などにより学ぶとともに，児童図書館の見学，書評の作成，蔵書の評価，ストーリーテリングや科学あそびを実際に行うことや小論文の執筆により理解を深める。

　この科目は，4単位の通年の講義として開講されているものであり，内容の概要は次のようである。

講義の概要

1　序論
1.1　児童図書館の定義
1.2　児童図書館のサービス対象
1.2.1　児童
1.2.2　一般成人
1.3　ヤングアダルトサービスとそのサービス対象
1.4　児童図書館の意義
1.5　児童図書館の歴史
1.5.1　児童図書館の発達段階
　　　（1）アメリカ
　　　（2）日本
2　児童図書館のサービス
2.1　児童図書館の構成要素
2.1.1　児童資料
2.1.2　児童司書・利用者
2.1.3　建物・設備
2.2　児童サービス
2.2.1　日常的なよみきかせやお話
2.2.2　貸出サービスと読書案内
2.2.3　レファレンスサービス
2.3　児童図書館活動：プログラム
2.3.1　お話
2.3.2　よみきかせ
2.3.2　ブックトーク
2.3.3　科学あそび
2.3.4　手作りあそび
2.3.5　人形劇
2.3.6　ペープサート

2.3.7　パネルシアター
2.3.8　講演会（子ども向け，一般成人向け）
2.5　対外的なサービス
　　　　子ども文庫，幼稚園・保育所，児童館，学校図書館
2.6　図書館利用に障害のある児童へのサービス
2.7　環境の整備
2.7.1　展示
2.7.2　植物の配置
2.7.3　設備
2.8　児童図書館の実際の活動
　　　　（1）日本：映画『図書館と子どもたち—ある市立図書館の児童奉仕』
　　　　（2）海外：
3　児童図書館員の専門性と役割
　　　　子どもを本の世界へ誘う
3.1　子どもを知る，地域を知る
3.2　子どもの本を知る，本を選ぶ，書評を書く
3.3　子どもと子どもの本を結び付ける
3.4　児童図書館の運営（経営）をする
4　児童図書館の蔵書構成
4.1　基本図書，準基本図書，新刊図書
4.2　専門図書館の蔵書構成との違い
4.3　子ども時代に読める本の数
4.4　児童図書館の蔵書数
4.4.1　マッコルビンの説
4.4.2　IFLA 公共図書館基準 1973／1977
4.5　選書機構
4.6　蔵書評価
4.7　図書館における書評
5　児童資料の組織
5.1　児童資料の目録
5.1.1　言葉で探せる件名目録
5.2　児童図書の分類
5.2.1　NDC 小・中学校（児童用）適用案
5.2.2　子どもの興味に応じた分類
5.3　子どもによる書誌情報の検索
5.3.1　子どものためのコンピュータ端末
5.4　配架
5.4.1　絵本の配架
　　（1）区分：創作絵本，昔話絵本，各分野の絵本
　　（2）配列：画家名順
　　（3）対象別：幼児絵本，ヤングアダルト絵本
　　（4）傾斜型書架を利用しての表紙を見せる配架
5.4.2　別置
　　（1）絵本，（2）本を読みはじめの子どものための本，（3）参考図書
6　絵本
6.1　絵本とは
6.2　絵本の絵
　　　　絵がストーリーを語る，絵の連続性
6.3　絵本の文
　　　　子どもが一体化できる主人公，主人公の紹介，行動，繰り返し，外からみて解るような表現

6.4　絵の構成要素
6.4.1　色
6.4.2　線
6.4.3　形
6.4.4　質感
6.5　絵本評価のための演習
6.6　賞の選定会の模擬演習
7　昔話
7.1　昔話とは
　　　口承文学，語られている時に実在，子どもを引きつける力が強い
7.2　昔話の表現の特性と子ども
7.2.1　一次元性
7.2.2　平面性
7.2.3　抽象的様式
7.2.4　孤立化と普遍的結合
7.2.5　純化と含世界性
8　幼年文学
8.1　幼年文学とは，読者対象
8.2　物語の構造と結末
8.2.1　行きて帰りし物語（安定－不安定－安定）
8.2.2　ハッピーエンド（向日性）
8.3　幼年文学の種類
9　児童文学
9.1　児童文学とは
9.2　戦後日本の二つの系譜
9.3　ファンタジー
9.3.1　ファンタジーの三つの書き方（形態）
10　科学の本
10.1　科学の本とは，科学読物との関係
10.2　子ども，自然，科学，科学の本，大人
10.2.1　子どもの驚異の念，好奇心，観察力，探求心：センス・オブ・ワンダー
10.2.2　科学：（1）知識体系，（2）研究過程
　　　　　　仮説→実験・観察→批判的検討→埋論
10.2.3　自然：直接経験
10.2.4　科挙の本：間接経験
10.2.5　大人（児童司書）：子どもの感動を共有（再感動，再発見）
　　　　　　　　　　　　科学の本の世界へ誘う
10.3　科学の本の種類
10.3.1　体験を広げる本
10.3.2　自然を知る道具としての本
　　　　　（1）調べる道具：図鑑
　　　　　（2）あそびの道具：科学あそびの本
10.3.3　科学的論理や研究の面白さを伝える本
10.4　科学の本の評価のポイント
10.4.1　東京都公立図書館児童図書館研究会科学読物グループ評価のポイント
10.4.2　リリアン・H・スミスによるもの
10.4.3　加古里子によるもの
10.4.4　ミリセント・E・セルサムによるもの
10.5　評価する力を身につけるために
10.6　科学の本を選ぶための資料
11　伝記

11.1　伝記とは
11.2　評価のポイント
11.3　伝記を選ぶための資料
12　人文・社会の本
12.1　人文・社会の本とは
12.2　評価のポイント
12.3　人文・社会の本を選ぶための資料
13　紙芝居
13.1　紙芝居とは
13.2　図書館での紙芝居の貸出
13.3　紙芝居の質的向上と普及
13.4　評価のポイント
14　参考図書
14.1　参考図書とは
14.2　子どもの参考図書の利用，一般成人用の参考図書の必要性
14.3　評価のポイント
15　ヤングアダルト図書
16　児童図書館サービスの計画
16.1　サービス計画の企画
16.2　児童図書館と地域に関する情報収集
16.3　児童図書館の役割（機能）とサービス目的の設定
16.4　重点サービス目標の設定
16.5　具体的なサービスの設定
16.6　サービス計画書の作成
16.7　実際の児童図書館サービス
16.8　サービスの評価
17　お話会とお話（ストーリーテリング）
17.1　お話会とは
17.2　お話（ストーリーテリング）とは
17.2.1　お話の目的
17.2.2　お話の特質
17.2.3　図書館におけるお話の意義
17.2.4　お話の選び方
17.2.5　お話の覚え方
17:2.6　お話の仕方
17.2.7　お話の評価
17.2.8　お話の実際
17.2.8.1　講義科目担当者のお話の実施
17.2.8.2　現職児童司書によるお話会の実施
18　よみきかせ
18.1　よみきかせとは
18.2　よみきかせの意義
18.3　絵本のよみきかせと絵本のじかん，幼児向けお話会
18.4　よみきかせに向く絵本の選び方
18.5　読み方
18.6　よみきかせの実際
19　ブックトーク
19.1　ブックトークとは，種類
19.2　ブックトークの目的
19.3　ブックトークの意義
19.4　テーマの設定

19.5　本の選び方
19.6　ブックトークの構成
19.7　ブックトークの実際
19.8　ヤングアダルトプログラムへの活用
19.9　ブックトークの実際
19.9.1　ビデオ：『図書館の達人司書実務編③ブックトーク
19.9.2　現職児童司書によるブックトークの実施
20　科学あそび
20.1　科学あそびとは
20.2　図書館における科学あそびの目的
20.3　図書館における科学あそびの意義
20.4　科学あそびに使用できる本
20.5　科学あそびの仕方
20.6　科学あそびの手引き書
20.7　子どもと科学の本を結びつけるいろいろな方法
20.7.1　よみきかせ，ブックトーク，ブックリスト，展示
20.7.2　いろいろな工夫
　　　（1）絵本を絵巻物風に仕立てる
　　　（2）折り畳み式展開図
　　　（3）ペープサート
　　　（4）ブラックシアター
　　　（5）科学あそびセット（実験器具・材料，説明書，科学の本のリストを組み合わせて貸出すもの）
21　図書館利用に障害のある子どもへのサービス
21.1　図書館で考慮すべき点
　　　資料提供と読書環境としての生活体験，生活空間，仲間の保証
21.2　障害のある子どものための資料
21.2.1　点字資料
21.2.2　録音図書
21.2.3　布の絵本
21.2.4　さわる絵本
21.2.5　点訳絵本
21.2.6　拡大写本
21.2.7　字幕付きビデオ
21.2.8　手話付き絵本
21.3　サービスの現状
21.3.1　聴覚障害児への図書館サービス
21.3.2　病院入院児への図書館サービス
21.3.3　病気のために活動が制限されている子どもへのサービス
21.4　多文化サービス
22　子ども文庫
22.1　子ども文庫とは
22.2　子ども文庫の意義
22.3　子ども文庫の活動
22.4　子ども文庫と児童図書館との関係
22.5　子ども文庫主宰者による子ども文庫の活動についての講演
23　学校図書館との連携
23.1　連携とは
23.2　連携の必要性
23.3　連携の意義
23.4　連携を阻むもの

23.5　連携の前提，両館種の類似点と相違点，共通の目標
23.6　連携のレベルと具体例
　　　レベル1　連携皆無
　　　レベル2　非公式な連携；一方から他方へのブックリストの提供
　　　レベル3　公式的なコミュニケーション；相互のプログラムの推薦
　　　レベル4　公式的な連携；共同目録の作成，コンピュータによるリンク
　　　レベル5　資源共有；プログラムの共同実施
　　　レベル6　公式的な計画作成；合同図書館協議会設立による連携促進
24　児童図書館関連団体
25　児童図書館に関わる諸課題
26　ヤングアダルトサービスに関わる課題

　児童資料論の中で，神話，伝説，詩，遊び・スポーツ・芸術・言葉の本，視聴覚資料，研究書などについては触れられていない。また，レファレンスサービスの詳細についても割愛されている。

　なお，受講学生が提出ないし発表課題として課されるものは，児童図書館見学報告書，絵本の書評（2作品について例示書評の書き直し），昔話絵本の書評（絵に力点をおいた書評），幼年文学の書評（同じ本に付き図書館員向き書評と子ども向き解題），児童文学の書評（外国の児童文学と日本の児童文学各1作品），科学の本の書評（1作品），蔵書等の数量評価，お話のリスト（10話）の作成，お話（ストーリーテリング）の発表，期末論文である。

関連文献
・塚原博「アメリカの児童図書館教育」『現代の図書館』vol.26,No.2, 1988, p.99-103
・塚原博「児童図書館サービスについて」『すずかけ』（立教図書館人クラブだより）No.9, 1990, p.10.
・塚原博「児童図書館学の教育とその内容」『第43回日本図書館学会研究大会発表要綱』日本図書館学会，1995, p.15-18.

<資料8>

Children's Literature Course Outline Fall, 1997   LIS 303   Betsy Hearne

Requirements: Three book critiques, one each for picture books, fiction, and nonfiction; final project (team research report, enactment, or paper); readings as assigned. Book critiques should be 2-3 pages per book, with an emphasis on analysis, not plot description. For critiques and class discussions, keep in mind the following questions: What narrative and artistic elements characterize, emphasize, and drive the book? What different perceptions might children and adults have of the book? What does this book say about our society? This is not a survey course; many important books have been omitted, and many of the required books have been chosen for aspects that provoke thought and discussion. Attendance and class participation are crucial; any cuts for any reason should be discussed with the instructor. Please not the heavy reading assignments (starred), and plan to read ahead accordingly.

September 5
Introduction to course: orientation and recollections of early reading experiences.
The mythical child: developmental values, emotional needs, & how books address them.
Assign. for 9/12: Read and analyze a "classic" 'including the reasons you think that it became a classic). It would be interesting to select one that has been made into a famous movie (eg. *Wizard of Oz*) or subjected to adaptation by Disney – a fairy tale such as "Beauty and the Beast," for example, or Pinocchio, but read the original, not a book version generated or published by Disney Studios. Browse Sutherland's *Children and Books* Chapters 1-3.

September 12
History, printing, publishing, and popularization
Assign. for 9/19: Sutherland ch. 4-5; examine and prepare to discuss Sendak and Dr. Seuss

September 19
Elements of art and narrative in children's books
Assign. for 9/26: Analyze and compare all the titles from one group on the picture book list (attached); read picture books for discussion &/or argument

September 26
The art of the picture book
Assign. for 10/3: Read the two poetry collections by Greenfield & Silverstein, Sutherland, ch.9.

October 3 (Picture book critique due)
Poetry for all ages
Assign. for 10/10: Read Hamilton; Sutherland, ch.6-7

October 10
Folklore, myth, oral literature, storytelling
Assign. for 10/17: Read the two fantasies (Dahl & Babbitt) & be prepared to compare them in discussion groups; Sutherland, ch.8.

October 17
Fantasy
*Assign. for 10/24: Read the three realistic novels (Cleary, Blume, Byars); Sutherland, ch. 10.

October 24
Realism
*Assign. 10/31: Read the three historical novels (MacLachlan, Collier, Levoy); Sutherland, ch.11.

October 31
Historical fiction
Assign. for 11/7: Read any Goosebumps, Babysitters Club, Sweet Valley High, Nancy Drew, or other series title; plus, the pro/com *SLJ* articles on junk reading (on reserve, as announced)

November 7 (Fiction critique due)
Trend, fad, series, escapes, censorship, controversies, & isms
Assign. for 11/14: Read the factual books by Freedman (history/biog.) and Harris (science); Sutherland ch.12-13

November 14
Nonfiction: sciences and social sciences
Assign. for 11/21: Proposal for final project; Sutherland, Parts 3-4
November 21
Exercising literature: bringing children and books together
Booktalking and storytelling; multiculturalism; children with special needs
Assign. Final project

November 28 No meeting (Thanksgiving Holiday)

December 5 (Nonfiction critique due)
Keeping current: reviews, resources, professional networks, and awards (mock N/C)
Team reports, enactments
Assign. Final project

December 12
Balancing Acts: real vs. ideal in collection development, public placation, & dairy dynamics
Town reports, enactments (or papers due)

Grade are based on critiques (10% each for total 30%), class participation (30%), class presentations (20%), and final projects (20%). Students talking the class for 1/2 credit will have no class presentation, no final project, and only two critiques

My office is Room 122 in the Graduate School of Library and Information Science, 502 E. Daniel (corner of 5th and Daniel, first floor). Office hours will be announced in class and posted on my door. Office phone, 244-7451: email, hearne@alexia.lis.uiuc.edy

視覚障害者その他活字のままではこの本を利用できない人のために，日本図書館協会及び著者に届け出る事を条件に音声訳（録音図書）及び拡大写本，電子図書（パソコンなど利用して読む図書）の製作を認めます。但し，営利を目的とする場合は除きます。

EYE LOVE EYE

セミナー〈児童図書館員養成を考える〉
―さまざまな立場から：利用者，公共図書館，大学，海外― **報告書**

2015 年 6 月 30 日　　初版第 1 刷発行

定　価：本体 1500 円（税別）

編　者：日本図書館協会児童青少年委員会

発行者：公益社団法人　日本図書館協会

　　　　〒104-0033　東京都中央区新川 1-11-14

　　　　Tel 03-3523-0811㈹　Fax 03-3523-0841

印刷所：㈱丸井工文社

JLA201507　　　　　　　　　　　　　　　　　　　　　　　　　　　　Printed in Japan

ISBN978-4-8204-1502-2

本文の用紙は中性紙を使用しています。